Vegane Weltreise

Das Kochbuch

100 vegane Rezepte rund um die Welt

Inhaltsverzeichnis

Vorwort

In diesem Buch finden sie eine Auswahl von 100 veganen Gerichten aus aller Welt. Einige sind schon immer vegan, andere wurden veganisiert.

Bei der Zusammenstellung achte ich immer darauf, auf exotische Zutaten zu verzichten. Auch sind die Rezepte einfach gehalten. So das es keine Ausreden gibt, es nicht mal vegan zu versuchen.

Ich wünsche ihnen natürlich viel Spaß mit dieser Auswahl an veganen Rezepten.

Vorab - Informationen zu den Rezepten

- Die angegebenen Backzeiten stammen von meinem Backofen. Bitte beachten sie das es hier öfter zu Abweichungen kommen kann.
- Sollten sie Ober-/ Unterhitze verwenden, die Temperatur um 20 Grad C erhöhen.
- Alle Rezepte können nach eigenen Wünschen abgeändert werden.
- Gemüse sollte immer in Bioqualität gekauft werden.
- Gemüse immer abwaschen. Das habe ich nicht extra in den Rezepten angegeben.
- Selbstverständlich kann statt Pulver auch ein frisches Gewürz verwendet werden.
- Statt veganer Butter kann jederzeit vegane Margarine verwendet werden.
- Statt einem Würfel Hefe können 2 Päckchen Trockenhefe verwendet werden.
- Anstelle von Zucker kann natürlich auch Xylith oder Rohrzucker verwendet werden.

Rezept - Zutaten die jeder Veganer benötigt

- Hefeflocken
- Kala Namak Salz
- Agavendicksaft

Abkürzungen

- TK = Tiefgekühlt
- TL = Teelöffel
- EL= Esslöffel

Vorspeisen, Salate und Frühstück

Russischer Karottensalat

Zutaten (4 Portionen)

- 1 kg Karotten
- 1 Zwiebel
- 1 Knoblauchzehe
- 100 ml (Raps)Öl
- 1 EL Essig
- 1 TL Salz
- 1 TL Salz
- 1 TL Koriander
- 1 TL Zucker

Zubereitung

- Karotten raspeln und mit Essig vermengen.
- Knoblauchzehe pressen und Zwiebel klein würfeln.
- Öl in einem Topf erhitzen.
- Zwiebel und Knoblauch zugeben und bei mittlerer Hitze Stufe 3 Minuten anbraten.
- Den Topfinhalt über die Karotten gießen und mit den restlichen Zutaten verrühren.
- Vor dem Servieren 15 Minuten ziehen lassen.

Ukrainischer Rote Bete Salat

Zutaten (4 Portionen)

- 1 Packung Rote Bete, gekocht und geschält
- 1 Handvoll Wallnüsse
- 1 Handvoll getrocknete Pflaumen
- 1 Knoblauchzehe
- 1 TL Salz
- 1 TL Zucker

Zubereitung

- Knoblauchzehe pressen und Rote Bete reiben.
- Alle Zutaten miteinander vermengen.
- Mindestens 2 Stunden im Kühlschrank ziehen lassen.

Koreanischer Gurkensalat

Zutaten (2 Portionen)

- 1 große Gurke
- 1 Frühlingszwiebel
- 1 Knoblauchzehe
- 2 EL Reisessig
- 1 TL Salz
- 1 EL Sojasauce
- 1 EL Sesam
- 1 EL Zucker
- 1 TL Chiliflocken (z.b. koreanische Gochugaru)
- 1 TL Sesamöl

Zubereitung

- Gurke waschen und in 1 cm dicke Scheiben schneiden.
- Gurke mit Salz in einer Schüssel verrühren und 30 Minuten ziehen lassen.
- In einer Pfanne Sesam ohne Öl anrösten und in einen Teller geben.
- Frühlingszwiebel klein schneiden, Knoblauchzehe pressen.

- Alle Zutaten, ausser der Gurke und Sesam, in der Schüssel verrühren.
- Nach 30 Minuten die Gurke gut abwaschen und in die Schüssel geben.
- Alles gut vermischen.
- Auf Teller geben und mit Sesam garnieren.

Milchreis (Italien)

Zutaten (4 Portionen)

- 1000 ml Pflanzendrink nach Belieben (Vorschlag: Kokosdrink)
- 250 g Milchreis
- etwa 30 g Zucker (je nach Zuckergehalt des Pflanzendrinks)
- 1 Päckchen Vanillezucker

Zum Bestreuen: Zimt

Zubereitung

- Milch in einem Topf zum Kochen bringen.
- Reis, Zucker und Vanillezucker zugeben und bei offenem Deckel auf niedriger Stufe 30 Minuten quellen lassen.
- Dabei öfter Umrühren damit nichts anbrennt.
- Wenn der Reis die gewünschte Sämigkeit erreicht hat, vom Herd nehmen.
- Auf Teller verteilen und mit Zimt bestreuen.

Die Herkunft des Milchreis kann auch Österreich sein.

Dies ist nicht eindeutig belegt.

Grüner Smoothie - Grundrezept (USA)

Zutaten (2 Portionen)

- 1 Banane
- 1 Apfel
- 300 ml Wasser
- 150 g Babyspinat TK (bei frischen 50 g Eiswürfel zugeben)

Zubereitung

- Apfel entkernen.
- Alle Zutaten in einem Mixer oder einer großen Schüssel mit Pürierstab, pürieren.
- In Gläser geben und servieren.
- Dieses Grundrezept kann natürlich abgeändert werden.
- Evtl. noch Himbeeren zugeben.
- Ein Smoothie darf auch gerne sehr dickflüssig sein. Den Smoothie sollte man eigentlich wie einen Joghurt löffeln.

Litauisches Knoblauchbrot

Zutaten (4 Portionen)

- 300 g (Schwarz)brot
- 2 Knoblauchzehen
- 3 Prisen Salz
- 1 Prise Zucker
- 5 TL (Raps)Öl

Zubereitung

- Das Brot in kleine Streifen schneiden.
- In einer Pfanne Öl erhitzen.
- Das Brot darin von allen Seiten knusprig braten.
- In einer Schüssel Brot mit Salz und Zucker mischen.
- Die Knoblauchzehen pressen und dem Brot untermischen.
- Das Brot kann als Snack warm oder kalt gegessen werden.

Bircher Müsli (Schweiz)

Zutaten (2 Portionen)

- 50 g Haferflocken
- 60 g Wasser (oder Saft nach Belieben)
- 60 g Pflanzendrink (nach Belieben)
- 3 Äpfel
- Saft aus einer Zitrone
- 20 g Nüsse

Zubereitung

- Haferflocken mit Wasser vermischen und über Nacht quellen lassen.
- Pflanzendrink und Zitronensaft zugeben.
- Äpfel und Nüsse fein reiben oder mixen und unterrühren.

Libanesischer Bulgursalat "Tabouleh"

Zutaten (4 Portionen)

- 1 Bund Frühlingszwiebeln
- 300 g Bulgur
- 300 ml Tomatensaft
- 300 ml Wasser
- 3 EL Petersilie
- 4 EL Erdnüsse
- 1 Prise Zimt
- 1 Prise Pfeffer
- 1 Prise Salz
- 7 EL (Raps)Öl

Zubereitung

- Frühlingszwiebel in feine Ringe schneiden.
- Öl in einer Pfanne erhitzen und die Frühlingszwiebel darin andünsten.
- Bulgur hinzufügen und für 2 Minuten, bei mittlerer Hitze anbraten.
- Wasser, Tomatensaft, Salz und Pfeffer hinzufügen.
- Bulgur für 10 Minuten, zugedeckt bei kleiner Flamme köcheln lassen.

- In einer Pfanne die Erdnüsse anrösten.
- Zimt darüber streuen und miträsten.
- Petersilie und Erdnüsse unter den Bulgur mischen und heiß servieren.

Marokkanische Galettes

Zutaten (2 Portionen)

- 400 g Hartweizengrieß
- 200 g Wasser
- 100 g weiche, vegane Butter
- 1 EL Zucker
- 3 Prisen Salz
- 2 EL (Raps)Öl

Zubereitung

- Hartweizengrieß, Salz und Zucker mit Butter vermischen.
- Wasser nach und nach zugeben und einen runden Teig kneten.
- 20 Minuten ruhen lassen.
- Aus dem Teig Kugeln mit einem Durchmesser von 10 cm formen und diese zu Fladen ausrollen.
- Öl in eine Pfanne geben und die Fladen 5 Minuten von jeder Seite goldbraun backen.

Australisches Porridge

Zutaten (2 Portionen)

- 100 g kernige Haferflocken
- 400 g Wasser
- etwa 100 g Pflanzendrink (nach Belieben)
- 1 Banane
- 2 EL Mandelblättchen
- 1 EL Rosinen (Optional)
- 2 EL Zucker

Zubereitung

- Banane in kleine Stücke schneiden.
- Wasser mit Salz und Rosinen in einem Topf aufkochen lassen.
- Haferflocken einrühren und bei niedriger Stufe, unter ständigem Rühren, 5 Minuten leicht köcheln lassen.
- Wenn die Masse leicht eindickt, die Bananenstücke gut untermischen.
- In einem tiefen Teller servieren und mit Zucker bestreuen.
- Mandelblättchen darüber verteilen und die gewünschte Menge Pflanzendrink zugeben.

Veganes Rührei - Bauernfrühstück (Deutschland)

Zutaten (4 Personen)

- 150 g Tofu
- 75 g Räuchertofu
- 4 gekochte Kartoffeln
- 4 Essiggurken
- 1 Zwiebel
- 2 TL Kurkuma
- 1 TL Kala Namak
- Pfeffer
- etwas (Raps)Öl zum Braten

Zubereitung

- Tofu und Räuchertofu zerkrümeln.
- In einer Schüssel mit Kurkuma vermengen.
- Nach Belieben mit Pfeffer würzen.
- Die Kartoffeln pellen und in Scheiben oder Würfel schneiden.
- Die Essiggurken in dünne Scheiben schneiden.
- Die Zwiebel schälen und in feine Würfel schneiden.

- Eine Pfanne mit etwas Öl auf dem Herd erhitzen.
- Zwiebel glasig anbraten.
- Tofu hinzufügen und mit anbraten.
- Sobald der Tofu an Rührei erinnert, die Kartoffeln und Essiggurken hinzufügen und für weitere 5 Minuten anbraten.
- Das Bauernfrühstück auf vier Teller verteilen, mit Kala Namak würzen und noch warm servieren.

Suppen

Sächsische Kartoffelsuppe (Deutschland)

Zutaten (4 Personen)

- 600 g Kartoffeln
- 1000 ml Gemüsebrühe
- 150 g Lauch
- 3 Karotten
- 1 Zwiebel
- 1 Knoblauchzehe
- 1 EL (Raps)Öl
- 1 EL Petersilie
- 2 EL Majoran
- Salz und Pfeffer (zum Abschmecken)

Zubereitung

- Knoblauchzehe pressen, Gemüse schälen und in 1 cm breite Würfel schneiden.
- Einen Topf mit Öl erhitzen und das Gemüse, außer den Kartoffeln, unter gelegentlichem Rühren 5 Minuten sanft anbraten.
- Majoran und die Kartoffeln in den Topf dazugeben.
- Mit der Gemüsebrühe ablöschen mit Salz und Pfeffer abschmecken.

- Deckel draufsetzen und 15 Minuten sprudelnd kochen lassen, bis die Kartoffeln gar sind.
- Petersilie hinzugeben, mit Salz und Pfeffer abschmecken
- Mit einem Pürierstab grob pürieren.

Französische Gemüsesuppe "Pistou"

Zutaten (4 Personen)

- 100 g kurze Hohlnudeln
- 1000 ml Gemüsebrühe
- 1 Dose gehackte Tomaten
- 100 g grüne Bohnen
- 100 g Wirsing
- 1 Karotte
- 1 Zwiebel
- 1 Zucchini
- 2 EL Tomatenmark
- Salz und Pfeffer (zum Abschmecken)
- 2 EL (Raps)Öl

Zubereitung

- Zucchini würfeln, Karotte würfeln, Zwiebel fein hacken, Bohnen in 1 cm lange Stücke schneiden, Wirsing in feine Streifen schneiden.
- Öl in einem Topf erhitzen und die Zwiebel darin andünsten.
- Wirsing und grüne Bohnen zugeben und kurz mit anschwitzen.

- Tomatenmark einrühren und mit Gemüsebrühe und gehackten Tomaten ablöschen.
- Nudeln zufügen und 10 Minuten köcheln, dabei immer wieder mal umrühren.
- Zucchini zugeben und nochmal 5 Minuten köcheln lassen.
- Mit Salz und Pfeffer abschmecken.

Steirische Kürbiscremesuppe (Österreich)

Zutaten

- 500 g Hokkaido Kürbis
- 600 ml Gemüsesuppe
- 150 ml Sojasahne
- 1 Zwiebel
- 1 Knoblauchzehe
- ½ TL Ingwerpulver
- 1 Prise Muskatnuss
- 2 Prisen Pfeffer
- 1 Prise Salz
- 3 EL (Raps)Öl zum Anbraten
- Kürbiskernöl zum Beträufeln

Zubereitung

- Kürbis entkernen und in kleine Würfel schneiden.
- Knoblauzehe pressen und Zwiebel klein würfeln.
- In einem erhitzten Topf mit Öl glasig andünsten.
- Kürbis zugeben und kurz mit anbraten.
- Mit der Gemüsesuppe aufgießen.

- Gewürze zugeben und 20 Minuten köcheln lassen.
- Wenn der Kürbis weichgekocht ist Sahne zugeben und Suppe pürieren.
- Sollte die Suppe zu dickflüssig sein mit etwas Wasser verflüssigen und kurz aufkochen.
- Suppe im Teller servieren und mit Kürbiskernöl beträufeln.

Tomatensuppe (Italien)

Zutaten (4 Personen)

- 400g gehackte Tomaten (oder natürlich frische)
- 1 Zwiebel
- 1 Knoblauchzehe
- 2 Prisen Chili
- ½ Bund Basilikum
- 250 ml Gemüsebrühe
- 2 Prisen Pfeffer
- 1 Prise Salz
- 125 g toskanisches Weißbrot (am besten vom Vortag)
- 2 EL Olivenöl

Zubereitung

- Zwiebel fein hacken und Knoblauchzehe pressen.
- Weißbrot in kleine Würfel schneiden.
- Öl in einem Topf erhitzen und Zwiebel mit Knoblauch darin glasig anbraten.
- Tomaten, Chili, Salz, Pfeffer mit der Gemüsebrühe zugeben und aufkochen lassen.
- 15 Minuten, auf mittlerere Hitze köcheln lassen.

- Weißbrotwürfel und Basilikum zugeben und weitere 10 Minuten, auf mittlerer Stufe köcheln lassen.
- Die Suppe durchrühren und vom Herd nehmen.
- 45 Minuten ziehen lassen und vor dem Verzehr nochmals erwärmen.
- Mit Olivenöl beträufelt in tiefen Tellern servieren.

Türkische Linsensuppe

Zutaten (4 Personen)

- 1000 g Wasser
- 250 g rote Linsen
- 1 Kartoffel
- 2 Karotten
- 1 Zwiebel
- 1 EL vegane Butter
- 1 TL Zitronensaft
- 3 Prisen Pfeffer

Zubereitung

- Die Linsen gut waschen.
- Kartoffel, Zwiebel und Karotten schälen und in kleine Stücke schneiden.
- Diese Zutaten dann in einen Topf mit Wasser aufkochen.
- 25 Minuten köcheln lassen.
- Mit einem Stabmixer die Suppe pürieren.
- Restliche Zutaten hinzufügen und die Suppe nochmals kurz aufkochen lassen.
- Heiß servieren.

Gazpacho (kalte Suppe) (Spanien)

Zutaten

- 850 ml Tomatensaft
- 1 Zwiebel
- ½ mittelgroße Gurke
- ½ grüne Paprikaschote
- ½ rote Paprikaschote
- 3 Tomaten
- 2 Knoblauchzehen
- 6 Scheiben veganes Weißbrot
- 6 EL Olivenöl
- 3 EL Weißweinessig
- ½ TL Zucker
- 1 TLSalz
- 1 TL Pfeffer

Zubereitung

- Die Knoblauchzehen pressen und separat voneinder beiseite stellen.
- Gemüse fein hacken und mit einer Knoblauchzehe in eine Schüssel geben.

- Tomatensaft, Essig, Öl, Zucker, Salz und Pfeffer zugeben und gut verrühren.
- Gemüsesuppe mit einem Pürierstab pürieren und kaltstellen.
- Backofen auf 180 Grad C vorheizen.
- Das Weißbrot in 1 cm Würfel schneiden.
- Öl mit der zweiten Knoblauchzehe mischen und über das gewürfelte Weißbrot geben.
- Weißbrot auf ein mit Backpapier ausgelegtes Backblech geben und 10 Minuten goldbraun backen. Gelegentlich umrühren.
- Die kalte Gemüsesuppe in tiefe Teller füllen und mit den Weißbrotwürfeln bestreuen.

Griechische Linsensuppe

Zutaten (4 Personen)

- 200 g braune Linsen (im ersten Schritt mit Wasser bedeckt weichkochen)
- 1000 ml Wasser
- 2 EL Olivenöl
- 3 Knoblauchzehen
- 1 Zwiebel
- 1 Karotte
- 1 TL Oregano
- 1 EL Rosmarin
- 2 Lorbeerblätter
- 1 EL Tomatenmark
- Salz und Pfeffer (zum Abschmecken)

Zum Servieren:

- Olivenöl
- Rotweinessig

Zubereitung

- Linsen waschen und abtropfen lassen.

- Mit Wasser bedeckt, in einem Topf 10 Minuten bei mittlerer Hitze weichkochen.
- Wasser abgießen und Linsen beiseite stellen.
- Öl in einem Topf bei schwacher Hitze erwärmen.
- Knoblauch pressen, Zwiebel und Karotte schälen, würfeln und andünsten.
- Nach 5 Minuten Linsen, Wasser, Oregano, Rosmarin und Lorbeerblätter dazugeben und kurz aufkochen lassen.
- 10 Minuten bei niedriger Hitze, den Topf mit einem Deckel zugedeckt, köcheln lassen.
- Tomatenmark zugeben und mit Salz und Pfeffer abschmecken.
- Weitere 30 Minuten mit einem Deckel abgedeckt köcheln lassen.
- Sollte die Suppe zu dickflüssig werden etwas Wasser hinzugeben.
- Suppe in Suppenteller geben und mit etwas Olivenöl und Rotweinessig beträufeln.

Italienische Minestrone

Zutaten (4 Personen)

- 1000 ml Gemüsebrühe
- 700 g Gemüse nach Wahl (z.b. Kartoffel, Karotte, Tomaten usw)
- 1 Zwiebel
- 1 TL Salz
- 3 EL (Oliven)Öl zum Anbraten
- 120 g kleine italienische Hartweizennudeln

Zum Servieren:

- 6 TL Olivenöl
- Optional Basilikumblätter

Zubereitung

- Zwiebel und Gemüse klein hacken.
- Öl in einem Topf erhitzen und Zwiebel darin glasig anbraten.
- Gemüsebrühe und Gemüse zugeben.
- Aufkochen und die Suppe 20 Minuten bei niedriger Hitze köcheln lassen.
- Salz und Nudeln zugeben.

- Zeit gemäß Packungsangabe der Nudeln kochen lassen.
- Minestrone in tiefe Teller geben, mit Öl betreufeln und (Optional) mit einem Basilikumblatt garnieren.

Hot & Sour Suppe (China)

Zutaten (4 Personen)

- 200 g Räuchertofu
- 200 g braune Champignons
- 1000 ml Gemüsebrühe
- 140 g Bambusstreifen (abgetropft, aus dem Glas)
- ½ Bund Frühlingszwiebeln
- 2 Knoblauchzehen
- 3 EL Reisweinessig
- 3 EL Sojasauce
- 3 Prisen Chilipulver
- 2 Prisen Pfeffer
- 1 TL Ingwer
- 3 EL Stärke, in kaltem Wasser aufgelöst
- 1 EL Zucker
- 2 EL (Raps)Öl zum Anbraten

Zubereitung

- Knoblauchzehe pressen, Champignons und Frühlingszwiebeln in Scheiben schneiden.
- Tofu abtrocknen und in Streifen schneiden.

- Öl in einem Topf erhitzen und Tofu mit Champignons scharf anbraten .
- Frühlingszwiebeln, Knoblauch und Bambus unterühren.
- Mit der Gemüsebrühe ablöschen und aufkochen.
- Restliche Zutaten, ausser der Stärke, zugeben und 10 Minuten bei mittlerer Hitze köcheln lassen.
- Aufgelöste Stärke zurühren und die Suppe nochmal aufkochen lassen.
- Wenn die Suppe angedickt ist vom Herd nehmen und in tiefen Tellern servieren.

Indische Dhal Suppe

Zutaten (4 Personen)

- 2 kleine Dosen gehackte Tomaten
- 200 g rote Linsen
- 750 ml Gemüsebrühe
- 400 ml Kokosmilch
- 1 Zwiebel
- 2 Knoblauchzehen
- 1 TL Kurkuma
- 1 TL Garam Masala
- 2 Prisen Chilipulver
- 1 TL Kreuzkümmel
- 2 TL Zitronensaft
- 1 EL Zucker
- Salz und Chilipulver zum Abschmecken
- 2 EL (Kokos)Öl zum Anbraten

Zubereitung

- Linsen waschen und abtropfen lassen.
- Zwiebel klein hacken und Knoblauch pressen.

- Öl in einem großen Topf erhitzen und Zwiebel mit Knoblauch glasig anbraten.
- Kurkuma, Garam Masala, Chilipulver und Kreuzkümmel zugeben und kurz mitbraten.
- Die Gemüsebrühe, Kokosmilch, Linsen und die Tomaten zugeben und aufkochen.
- Unter gelegentlichem Umrühren, bei mittlerern Stufe 20 Minuten köcheln lassen, bis die Linsen weich sind.
- Zucker und Zitronensaft zugeben und mit Chilipulver und Salz abschmecken.

Finnische Steckrübensuppe

Zutaten (4 Personen)

- ½ Steckrübe
- 1 Zwiebel
- 1000 ml (kalte) Gemüsebrühe
- 250 ml Sojasahne (alternativ 250 ml Pflanzendrink nach Wahl)
- 3 EL vegane Butter
- 2 EL Mehl
- ½ TL Muskat
- 4 EL Hefeflocken
- Salz und Pfeffer zum Abschmecken
- Petersilie zum Garnieren

Zubereitung

- Zwiebel und Steckrübe klein würfeln
- Vegane Butter in einem Topf erhitzen und Gemüse darin gut andünsten.
- Mit Mehl bestäuben und eine Mehlschwitze bereiten.
- Gemüsebrühe zugeben und aufkochen lassen.
- Auf mittlerer Stufe 25 Minuten köcheln lassen.

- Die Suppe mit einem Pürierstab cremig pürieren.
- Sahne und Muskat zugeben und nochmal aufkochen lassen.
- 3 Minuten auf mittlerer Stufe köcheln lassen.
- Hefeflocken einrühren und mit Salz und Pfeffer abschmecken.
- Die Suppe mit Petersilie garniert servieren.

Hauptgerichte

Russischer Borschtsch

Zutaten (4 Personen)

- 400 g Weißkohl
- 400 g Rote Bete
- 400 g vorwiegend fest kochende Kartoffeln
- 200 g Räuchertofu
- 2 Zwiebeln
- 2 Knoblauchzehen
- 1 EL vegane Butter
- 1 TL Tomatenmark
- 800 ml Gemüsebrühe
- 200 g Pizzatomaten
- 1 TL Paprikapulver
- 1 TL Kümmel
- 4 EL Sojasahne
- 2 EL Zitronensaft
- Salz, Pfeffer und Essig zum Abschmecken

Zubereitung

- Zwiebeln und Kohl in feine Streifen schneiden und Knoblauch pressen.

- In einem großen Topf Butter zerlassen,
- Zwiebeln, Kohl und Knoblauch bei mittlerer Hitze 4 Minuten darin dünsten.
- Tomatenmark zugeben und unter Rühren kurz dünsten.
- Mit Brühe und Tomaten aufgießen, mit Paprikapulver und Kümmel würzen und zugedeckt bei mittlerer Hitze 20 Min. kochen.
- Rote Bete und Kartoffeln schälen und in 1 cm breite Streifen schneiden.
- Beides zum Kohl geben und weitere 25 Minuten garen.
- Tofu würfeln, zugeben und 5 Minuten weiter köcheln lassen.
- Eintopf mit Salz, Pfeffer, Zitronensaft und Essig abschmecken.
- Mit Sojasahne servieren.

Libanesische Falafel

Zutaten

- 120 g Kichererbsenmehl
- 1 Zwiebel
- 2 Knoblauchzehen
- 200 ml Wasser
- 1 El Petersilie
- 1 TL Salz
- ½ TLKreuzkümmel
- ½ TL Zitronensaft
- 1 TL (Oliven)Öl
- 1 Prise Backpulver
- (Oliven)Öl zum Braten

Zubereitung

- Zwiebel fein würfeln und die Knoblauchzehen pressen.
- Wasser in einem Topf zum Kochen bringen.
- Alle trockenen Zutaten miteinander verrühren und mit dem kochenden Wasser übergießen.
- Gut miteinander vermischen und 15 Minuten quellen

lassen.

- Teig mit Zitronensaft und Öl mischen.
- Öl in einer Pfanne erhitzen.
- Mit befeuchteten Händen Falafel formen und bei mittlerer Hitze ausbraten.
- Wenn möglich nur einmal wenden und zugedeckt braten.

Fränkische Kartoffelknödel (Deutschland)

Zutaten (4 Portionen)

- 800 g Kartoffeln (vorzugsweise mehlig kochend)
- 200 g Kartoffelmehl
- 150 ml lauwarmes Wasser
- 1 TL Salz

Zubereitung

- Kartoffeln kochen und am über Nacht abkühlen lassen.
- Schälen und durch die Kartoffelpresse pressen.
- Mit allen Zutaten zu einem weichen, klebrigen Teig kneten. Evtl noch etwas mehr Wasser zugeben.
- Kartoffelknödel formen und in einem Topf mit kochendem Salzwasser für 20 Minuten ziehen lassen.
- Die Kartoffelknödel sind fertig, wenn sie oben schwimmen.

Portugiesischer Kartoffelsalat

Zutaten (4 Personen)

- 1 kg Kartoffeln
- 1 Zwiebel
- 80 ml Essig
- 1 TL Salz
- 1 TL Pfeffer

Zubereitung

- Kartoffeln kochen.
- Kartoffeln schälen und in Scheiben schneiden.
- Zwiebel klein würfeln.
- Alle Zutaten miteinander vermischen und etwas ziehen lassen.
- Den Salat kann man noch warm oder auch kalt genießen.

Asiatische Tempehpfanne

Zutaten (4 Personen)

- 400 g Tempeh
- 200 g Champignons
- 200 g Sprossen
- 10 Frühlingszwiebeln
- 2 Karotten
- 1 Paprika
- 4 Knoblauchzehen
- 2 TL Pfeffer
- 2 TL Chilipulver
- 5 EL (Raps)Öl
- 5 EL Sojasauce und noch nach Belieben zum Abschmecken)

Beilage: Reis

Zubereitung

- Tempeh würfeln.
- Öl in einer großen Pfanne oder Wok erhitzen und Tempeh darin 5 Minuten bei mittlerer Hitze anbraten.
- Champignons vierteln, Karotte in feine Streifen

schneiden, Paprika würfeln, Frühlingszwiebeln in Scheiben schneiden und alles in die Pfannen zugeben.

- Unter häufigem Rühren, 5 Minuten bei mittlerer Hitze anbraten.
- Paprika in Streifen schneiden und mit gepressten Knoblauchzehen zugeben.
- Mit Pfeffer, Chilipulver und mit 5 EL Sojasauce würzen.
- 3 Minuten, unter ständigem Rühren weiter köcheln lassen.
- Die Sprossen unterheben und die Pfanne vom Herd nehmen.
- Nach Belieben noch etwas Sojasauce unterrühren.
- In vorgewärmten Tellern mit Reis servieren.

Thailändisches Curry

Zutaten (4 Personen)

- 100 g braune Champignons
- 250 ml Gemüsebrühe
- 1 Karotte
- 1 Paprika
- 1 Zwiebel
- 40 g Erdnüsse
- 6 TL rote Thai Currypaste
- 750 ml Kokosmilch
- 4 EL Erdnussbutter
- 2 EL Agavendicksaft
- 7 EL (Raps)Öl
- ½ TL Ingwer
- Salz (zum Abschmecken)

Beilage: Reis

Zubereitung

- Champignons vierteln, Karotte in feine Streifen schneiden, Paprika würfeln, Zwiebel in Streifen

schneiden.

- Erdnüsse im Wok oder einer großen Pfanne, mit 1 EL Öl anrösten.
- Currypaste mit Gemüsebrühe, Ingwerpulver, Kokosmilch, Erdnussmus und Agavendicksaft gut verrühren.
- Restliches Öl im Wok erhitzen und das Gemüse darin 5 Minuten anbraten.
- Die gemischte Flüssigkeit zugeben und aufkochen lassen.
- Auf kleinster Stufe, zugedeckt 20 Minuten ziehen lassen.
- Mit Salz abschmecken und mit Reis servieren.

Bigos (Kohleintopf mit Tofu) (Polen)

Zutaten (4 Personen)

- 400 g Naturtofu
- 1 kleiner Kopf Weißkohl
- 400 g Champignons
- 1 Sauerkraut-Päckchen
- 1 Zwiebel
- 1 ½ Tuben Tomatenmark
- 2 Lorbeerblätter
- 4 Wacholderbeeren
- 1 EL Gemüsebrühe
- 1 TL Paprikapulver
- Salz und Pfeffer zum Abschmecken
- 4 EL (Raps)Öl zum Anbraten

Beilage: Brot

Zubereitung

- Tofu mit Küchenpapier gut trocknen und in Würfel schneiden.
- Weißkohl in feine Streifen schneiden, Champignons

und Zwiebel klein schneiden.

- 2 EL Öl in einem Topf erhitzen und darin Weißkohl, Sauerkraut, Lorberrblätter und Wacholderbeeren anschwitzen, bis der Weißkohl bißfest ist.
- Restliches Öl in einer Pfanne erhitzen.
- Zwiebel, Champignons darin 5 Minuten, bei mittlerer Hitze anbraten.
- Tofu, Gemüsebrühe und Gewürze zugeben und solange braten bis der Tofu goldbraun wird.
- Wenn der Weißkohl bißfest ist, das Tomatenmark unterrühren und die Tofu-Pfanne mit in den Topf geben und gut vermischen. Mit Brot servieren.
- Am besten schmeckt Bigos übrigens, wenn es einen Tag durchgezogen ist und nochmals erhitzt wird.

Chop Suey (China)

Zutaten (4 Personen)

- 2 Paprika
- 150 g Blumenkohl
- 100 g Brokkoli
- 3 Karotten
- 1 Zwiebel
- 100 g Champignons
- ½ Glas Soja-Sprossen
- 6 Mini - Maiskolben
- 200 ml Wasser
- 100 ml Sojasauce
- 2 EL Zucker
- ½ TL Ingwer
- 1 TL Paprika
- 3 EL (Sesam)Öl zum Anbraten

Beilage: Reis

Zubereitung

- Paprika, Champignons, Zwiebel, Blumenkohl,

Brokkoli und Karotten in mundgerechte Stücke schneiden.

- Sojasprossen in ein Sieb geben und gut abtropfen lassen.
- Mini-Maiskolben einmal längs und einmal quer halbieren.
- In einem Topf Wasser zum Kochen bringen, vom Herd nehmen, Blumenkohl und Brokkoli hinein geben und ziehen lassen, bis die Soße fertig ist.
- 150 ml Wasser, Sojassauce, Zucker, Ingwer- und Paprikapulver in einem Topf aufkochen lassen.
- Die Stärke in 50 ml Wasser auflösen, dann langsam unter die Sauce rühren.
- Kurz aufkochen, dann bei kleiner Hitze köcheln lassen, bis das Gemüse fertig ist.
- Öl in einer Pfanne erhitzen.
- Zunächst die Karotten hineingeben, nach 2 Minuten Paprika, Champignons, Blumenkohl und Brokkoli, nach nochmal 2 Minuten die Mini-Maiskolben und die Sojasprossen dazugeben und kurz anbraten.
- Die Soße hinzugeben und bei kleiner Hitze kurz köcheln lassen (Das Gemüse sollte noch bissfest bleiben).
- In vorgewärmten Tellern mit Reis servieren.
- Tipp: Die Gemüsezutaten können jederzeit abgeändert werden. Auch veganer Fleischersatz schmeckt dazu sehr lecker.

Südafrikanischer Gemüseeintopf "Chakalaka"

Zutaten (4 Personen)

- 1 Dose Bohnen, gebacken in Tomatensauce
- 2 Karotten
- 3 Paprikaschoten
- 2 Zwiebeln
- 3 TL Curry
- 1 TL Gemüsebrühe
- 1 TL Salz
- 1 TL Pfeffer
- 4 EL (Raps)Öl zum Anbraten

Beilage: Reis

Zubereitung

- Paprika, und Karotten in 1 cm Würfel schneiden. Die Zwiebel klein hacken.
- Öl in einer Pfanne erhitzen und das Gemüse darin 15 Minuten, auf niedriger Stufe, unter häufigem rühren, köcheln lassen.
- Bohnen und restliche Zutaten zugeben und nochmals 15 Minuten, auf niederiger Stufe köcheln lassen. Dabei immer wieder umrühren.
- Gemüse mit Reis servieren.

Norwegisches Kohlrabigemüse

Zutaten (4 Personen)

- 1 kg Kohlrabi
- 2 Karotten
- 2 Kartoffeln
- 100 ml Sojasahne
- 1 TL Salz
- 3 Prisen Pfeffer
- 3 Prisen Muskat
- 1 TL Gemüsebrühe
- 3 EL vegane Butter
- Wasser zum Kochen

Zubereitung

- Kohlrabi, Kartoffeln und Karotten in Würfel schneiden.
- Das Gemüse mit dem Salz in einem Topf mit Wasser weichkochen.
- Das Wasser abgießen.
- Mit restlichen Zutaten vermengen und pürieren.
- Das Kohlrabigemüse kann als Beilage z.b. zu gekochten Kartoffeln serviert werden.

Koreanisches Tofugericht "Bibimbap"

Zutaten (2 Personen)

- 250 g Naturtofu
- 200 g Champignons
- 1 Karotte
- 5 Radieschen
- 2 Frühlingszwiebeln
- ½ Gurke
- 3 Handvoll frischer Blattspinat
- 1 Knoblauchzehe
- 2 EL Särke
- 2 TL Sojasauce
- 5 EL Wasser
- 2 EL (Sesam)Öl
- Chilipaste zum Abschmecken
- Sesam, zum Bestreuen

Beilage: Reis

Zubereitung

- Gurke, Karotte reiben, Frühlingszwiebel klein

schneiden, Knoblauchzehen pressen und Champignons in Scheiben schneiden.

- Tofu abtrocknen und in Würfel schneiden.
- Die Tofuwürfel in Stärke wälzen.
- Öl in einer Pfanne erhitzen und den Tofu darin knusprig anbraten.
- Angebratenen Tofu mit 1 TL Sojasauce ablöschen und nach einer Minute aus der Pfanne, auf einen Teller legen.
- Champignons in die Pfanne geben und nach dem Anbraten mit Sojasauce ablöschen.
- Wasser in die Pfanne geben und den Knoblauch 2 Minuten andünsten.
- Spinat zugeben und mit Deckel auf mittlerere Stufe solange köcheln bis der Spinat zusammenfällt.
- Restliche Zutaten zugeben und gut durchmischen.
- Auf einem Teller anrichten, mit Sesam bestreuen und mit Reis servieren.

Kartoffelgratin (Frankreich)

Zutaten (4 Personen)

- 1 kg Kartoffeln (am besten vorwiegend festkochend)
- 250 g Pflanzensahne
- 150 g Pflanzendrink
- 3 Prisen Muskat
- 50 g vegane Butter
- Salz und Pfeffer zum Abschmecken

Zubereitung

- Backofen auf 180 Grad C Umluft vorheizen.
- Auflaufform mit etwas veganer Butter einfetten.
- Geschälte und gewaschene Kartoffel in dünne Scheiben schneiden.
- Die Kartoffelscheiben in die Auflaufform schlichten und dabei jede Lage mit Salz, Pfeffer und etwas Muskat würzen.
- Die Sahne mit dem Pflanzendrink verrühren und zusammen über die Kartoffeln gießen.
- Die übrige Butter klein würfeln und über dem Gratin verteilen.
- Im Ofen für 45 Minuten backen, bis die Kartoffeln goldbraun sind und die Flüssigkeit eingezogen ist.

Asiatisches Gemüse mit Räuchertofu

Zutaten (4 Personen)

- 250 g Räuchertofu
- 2 Zwiebeln
- 2 Paprika (Farbe nach Belieben)
- 1 Zucchini
- 2 Knoblauchzehen
- 1 cm Ingwer
- 2 EL Sojasauce
- 1 El Reisessig (ansonsten Balsamico)
- 1 TL Asia Gewürz (ansonsten Würzen nach Belieben)
- 2 EL (Raps)Öl

Beilage: Reis

Zubereitung

- Paprika entkernen, waschen und in Würfel schneiden
- Zwiebel und Ingwer klein schneiden, Knoblauchzehen pressen.
- Räuchertofu in kleine Würfel schneiden.

- Öl im Wok (oder einer großen Pfanne) erhitzen und den Tofu goldbraun anbraten und auf einen Teller lagern.
- Zwiebel, Ingwer und Knoblauchzehen zusammen im Wok andünsten.
- Paprika zugeben und unter gelegentlichem Wenden 5 Minuten bei mittlerer Hitze dünsten.
- Sojasauce, Gewürze und Reisessig zugeben.
- Tofu unterheben und nochmal kurz bei mittler Hitze braten.
- Mit Reis servieren.

Thailändisches Reisnudelgericht "Pad Thai"

Zutaten (2 Personen)

- 250 g Reisnudeln
- 100g Tofu Natur
- 2 Frühlingszwiebeln
- 1 Zwiebel
- 1 Karotte
- 1 Tomate
- 2 Knoblauchzehen
- 4 EL Kokosmilch
- 3 EL Sojasauce
- Saft einer ½ Limette (Optional Zitrone)
- 2 EL gehackte Erdnüsse
- 1 TL Zucker
- 3 EL (Raps)Öl

Zubereitung

- Zwiebel klein würfeln, Knoblauchzehen pressen, Karotte raspeln, Tomate würfeln und zusammen auf einen Teller geben.
- Tofu gut abtrocknen und in 1 cm große Würfel

schneiden.

- 2 EL Öl in einer Pfanne erhitzen und Tofu von allen Seiten goldbraun anbraten.
- Den Tofu aus der Pfanne nehmen und beiseite stellen.
- Frühlingszwiebeln in feine Ringe schneiden.
- Die Reisnudeln nach Packungsanweisung zubereiten.
- Restliches Öl in einem Wok oder einer großen Pfanne erhitzen.
- Zwiebeln, Knoblauch, Karotten, Tomaten und den Tofu zugeben.
- Unter ständigem Rühren 4 Minuten anbraten.
- Die Kokosmilch einrühren und unter auf niedriger Hitze weiterkochen.
- Wenn die Kokosmilch sich mit dem Rest verbunden hat mit Sojasauce und Zucker abschmecken.
- Die Hitze komplett abdrehen.
- Die Reisnudeln unterheben, mit Limettensaft beträufeln und auf zwei Tellern verteilen.
- Jede Portion mit Frühlingszwiebelringen und gehackten Erdnüssen garnieren.

Südtiroler Spinatknödel (Italien)

Zutaten (6 Knödel)

- 250 g – 300 g Knödelbrot (oder Semmeln vom Vortag)
- 300 g TK Spinat, abgetropft
- 3 EL Sojamehl, in 100 ml Wasser verrührt
- 250 ml Sojadrink
- 80 g Zwiebeln
- 1 Knoblauchzehe
- 1 TL Salz
- 2 Prisen Pfeffer
- 20 ml (Raps)Öl zum Anbraten
- 3 EL Hefeflocken

Sauce:

- 200 g vegane Butter
- 3 EL Hefeflocken

Zubereitung

- Knödelbrot in eine große Schüssel geben (Altsemmeln kleinschneiden).
- Zwiebeln würfeln und Knoblauch fein pressen.

- In einer Pfanne mit Öl glasig braten.
- Spinat zugeben und aufkochen lassen.
- Sojadrink zugeben und 2 Minuten bei mittlerer Hitze köcheln lassen.
- Sojamehl, Salz, Pfeffer und Hefeflocken unterheben und gut durchrühren.
- Alles in die Schüssel zu dem Knödelbrot geben und etwas abkühlen lassen.
- Durchmischen und Knödel formen.
- Die Knödel in einem Topf mit leicht köchelndem Salzwasser 20 Minuten ziehen lassen.
- Butter in einem Topf langsam erhitzen.
- Wenn die Butter flüssig ist die Hefeflocken hinzugeben.
- Knödel auf einen Teller geben und mit der Sauce übergossen servieren.

Russischer Hackfleischtopf

Zutaten (4 Personen)

- 150 g Sojagranulat
- 2 Zwiebeln
- 2 Stangen Lauch
- 1000 ml Gemüsebrühe
- 250 ml Sojasahne
- 5 EL Tomatenmark
- 1 EL Senf
- 1 TL Paprika
- 1 TL Zucker
- 1 TL Salz
- 3 Prisen Pfeffer
- 1 EL (Oliven)Öl

Beilage: Brot

Zubereitung

- Das Sojagranulat nach Packungsanweisung zubereiten.
- Zwiebel klein würfeln und Lauch in Streifen

schneiden.

- Öl in einer Pfanne erhitzen und Zwiebel darin glasig anbraten.
- Abgetropftes Sojagranulat, Lauch, Tomatenmark, Gemüsebrühe, Senf und Gewürze hinzugeben.
- 15 Minuten köcheln lassen und dabei mehrfach rühren.
- Sojasahne unterrühren, Herd abdrehen und noch 5 Minuten ziehen lassen.
- In vorgewärmten Tellern servieren und Brot dazu reichen.

Ratatouille (Frankreich)

Zutaten (4 Personen)

- 5 Tomaten
- 2 Auberginen
- 1 Zucchini
- 3 Paprika
- 2 Zwiebeln
- 2 Knoblauchzehen
- 1 TL Thymian
- 1 TL Petersilie
- 1 TL Basilikum
- 2 Prisen Pfeffer
- 1 EL (Oliven)Öl

Beilage: Baguette oder Nudeln, Optional noch Hefeflocken

Zubereitung

- Knoblauchzehen pressen, Zwiebel klein würfeln und restliches Gemüse in 2 cm breite Stücke schneiden.
- In einem Topf Öl erhitzen.
- Zwiebel und Knoblauch glasig anbraten.

- Tomaten, Paprika und alle Gewürze zugeben und für 10 Minuten bei mittlerer Stufe, unter gelegentlichem Umrühren, dünsten.
- Auberginen und Zucchini zugeben und unter gelegentlichem Umrühren, weitere 15 Minuten dünsten.
- Mit einer Beilage nach Wahl servieren.
- Optional mit Hefeflocken bestreuen.

Italienische Spaghetti Carbonara

Zutaten (4 Personen)

- 500 g Spaghetti (ohne Ei)
- 5 Liter Wasser
- 150 g Räuchertofu
- 1 Zwiebel
- 2 Knoblauchzehen
- 300 ml Sojadrink
- 4 EL (Olivien)Öl
- 2 Prisen Pfeffer
- 2 TL Salz
- 1 TL Paprika
- 2 TL Senf
- 4 EL Hefeflocken
- 1 EL Mehl
- 100 ml Sojasahne
- Petersilie zum Bestreuen

Zubereitung

- 5 Liter Wasser in einem großen Topf aufkochen.

- 1 TL Salz zugeben
- Spaghetti darin nach Packungsangabe (6-8 Minuten) auf mittlerer Stufe köcheln lassen.
- In der Zwischenzeit Tofu abtrocken und klein Würfeln, die Zwiebel klein hacken und die Knoblauchzehe pressen.
- Öl in einem Topf erhitzen.
- Zwiebel und Knoblauch glasig anbraten.
- Räuchertofu zugeben und bei mittlerer Hitze knusprig anbraten.
- Hefeflocken, Mehl, Salz, Paprika und Pfeffer miteinander verrühren und zu den Zutaten in den Topf unterrühren.
- Senf zugeben und unter ständigem Rühren alle Zutaten kurz anschwitzen.
- Sojadrink zugeben und aufkochen lassen.
- Sojasahne untermischen, Herd abdrehen und 5 Minuten ziehen lassen.
- Wenn die Spaghetti bißfest sind, abgießen und in die Soße untermischen.
- Nach Belieben Abschmecken, mit Petersilie bestreuen und in tiefen Tellern servieren.

Italienische Spaghetti Napoli

Zutaten (4 Personen)

- 500 g Spaghetti (ohne Ei)
- 2 Dosen passierte Tomaten
- 1 Zwiebel
- 2 Knoblauchzehen
- 1 Bund Basilikum
- 80 ml (Olivien)Öl
- 2 Prisen Pfeffer
- 2 EL Salz
- 5 Liter Wasser
- Optional Hefeflocken

Zubereitung

- 5 Liter Wasser in einem großen Topf aufkochen.
- 2 EL Salz zugeben.
- Spaghetti darin nach Packungsangabe (6-8 Minuten) auf mittlerer Stufe köcheln lassen.
- In der Zwischenzeit die Zwiebeln klein hacken und die Knoblauchzehe pressen.
- Öl in einer tiefen Pfanne erhitzen.

- Zwiebel und Knoblauch glasig anbraten.
- Die Tomaten zugeben und unter Rühren 10 Minuten auf mitllerer Hitze einköcheln lassen.
- Salz, Pfeffer und Öl zugeben.
- Blätter vom Basilikum klein reißen und mit der Soße verrühren.
- Wenn die Spaghetti bißfest sind, abgießen und in die Soße untermischen.
- Nach Belieben Abschmecken.
- Als Parmesanersatz kann man Hefeflocken verwenden.

Italienische Kürbis - Lasagne

Zutaten (4 Personen)

- 750 g Hokaido-Kürbis
- 300 ml Gemüsebrühe
- 2 Zwiebeln
- 500 g passierte Tomaten
- 2 Knoblauchzehen
- 450 ml Sojadrink
- 150 Sojasahne
- 2 EL Mehl
- 1 EL Senf
- 1 EL Thymian
- 2 Prisen Chili
- Pfeffer (nach Belieben)
- Salz (nach Belieben)
- 3 EL (Raps)Öl zum Anbraten
- 2 EL vegane Butter und etwas zum Einfetten
- 500 g Lasagneblätter

Zubereitung

- Backofen auf 180 Grad C Umluft vorheizen.
- Kürbis, Karotte und Zwiebel in kleine Stücke schneiden. Knoblauchzehe pressen.
- Öl in einer großen Pfanne erhitzen.
- Bei mitllerer Hitze Kürbis und Zwiebel 5 Minuten anbraten.
- Knoblauch zugeben und 2 Minuten mitbraten.
- Mit 150 ml Gemüsebrühe ablöschen, Tomaten zugeben und unter Rühren aufkochen lassen.
- 10 Minuten bei mittlerer Hitze köcheln lassen.
- Salz, Pfeffer, Chili und Thymian zugeben und durchmischen.
- In der Zwischenzeit 2 EL Butter in einem Topf erhitzen und das Mehl darin kurz dünsten.
- Mit Salz, Pfeffer und Muskatnuss würzen.
- Sojamilch und restliche Gemüsebrühe zugeben und aufkochen lassen.
- Bei mittlerer Hitze, unter Rühren 15 Minuten kochen lassen.
- Die Soße vom Herd nehmen.
- Sojasahne mit Senf vermischen und die Hälfte davon in die Soße rühren.
- Eine Auflaufform mit Butter (Margarnie) einfetten.
- Den Boden der Auflaufform mit einer dünnen Schicht der Soße bedecken.
- Lasagne-Blätter, Kürbismischung und Soße abwechselnd darüber schlichten.

- Die letze Lasagnes-Blätterschicht mit Soße bedecken.
- Restlichen Pflanzensahne-Senf Mix darüber verteilen.
- Im Backofen für 35 Minuten backen.

Kartoffel Gulasch (Ungarn)

Zutaten (4 Personen)

- 250 g Champignons
- 2 Kartoffel
- 1 Zwiebel
- 2 Knoblauchzehen
- 2 rote Paprika
- 2 TL Tomatenmark
- 1 TL Kümmel
- 1 TL Majoran
- 1 TL Pfeffer
- 1 TL Salz
- 2 TL Paprika
- 3 Prisen Chilipulver
- 4 EL (Raps)Öl zum Anbraten
- Wasser zum Bedecken der Kartoffeln

Zubereitung

- Zwiebel fein hacken, Knoblauchzehen pressen, Champignons in Stücke schneiden, Paprika und Kartoffeln würfeln.

- In einem großen Topf 2 EL Öl erhitzen und Zwiebel, bei mittlerer Hitze, glasig anbraten.
- Tomatenmark unterrühren und nach 1 Minute Kartoffel, Paprika und Knoblauch zugeben.
- Nach 3 Minuten soviel Wasser zugeben, das die Kartoffeln bedeckt sind.
- Restliche Zutaten zugeben und 10 Minuten weich köcheln lassen.
- Sollte zuviel Wasser dabei verdunsten, eventuell noch etwas Wasser zugießen.
- Restliches Öl in einer Pfanne erhitzen und die Champignons goldbraun braten.
- Champignons in das Gulasch einrühren und in vorgewärmten Tellern servieren.

Paella (Spanien)

Zutaten (4 Personen)

- 200 g Basmati Reis
- 500 ml Gemüsebrühe
- 80 ml Weißwein
- 1 Zwiebel
- 2 Knoblauchzehen
- 2 Paprika (Farbe nach Belieben)
- 100 g grüne Bohnen
- 100 g Erbsen
- 80 ml (Olivien)Öl
- 1 TL Paprikapulver
- 1 Prise Chilipulver
- 1 Prise Rosmarin
- 2 Prisen Zimt
- 1 TL Zitronensaft
- 1 TL Salz
- Petersilie zum Dekorieren. (Optional noch Oliven)

Zubereitung

- Knoblauchzehen pressen, Zwiebel, Bohnen und Paprika klein schneiden.
- In einer großen Pfanne das Öl erhitzen und die Knoblauchzehen mit Zwiebel und Paprika, bei mittlerer Hitze 3 Minuten anbraten.
- Den ungewaschenen Reis unterrühren und mit weitere 2 Minuten mitdünsten.
- Gemüsehbrühe, Weißwein, Zitronensaft und Zimt zugeben und 15 Minuten bei niedriger Stufe köcheln lassen.
- Bohnen und Erbsen unterühren und weitere 15 Minuten, bei niedriger Stufe mitköcheln.
- Salz, Chilipulver, Rosmarin und Paprikapulver unterrühren.
- Auf vorgewärmten Tellern mit Petersilie (und Optional Oliven) garnieren.

Pizza (Italien)

Zutaten (4 Personen)

- 400g Mehl
- ½ Würfel Hefe
- 40 ml (Raps)Öl
- 200 ml lauwarmes Wasser
- 1 Prise Zucker
- 1 Prise Salz

Zubereitung

- Die Hefe im Wasser auflösen.
- Mehl, Zucker und Salz mischen.
- Das Hefewasser zum Mehl geben und alles nur so lange verkneten, bis alles Mehl gebunden ist.
- Abgedeckt 20 Minuten gehen lassen.
- Anschließend den Teig mit der Hand oder der Maschine 5 Minuten kneten.
- Pizzateig zu einer Kugel formen und abgedeckt eine Stunde gehen lassen.
- Backofen auf 180 Grad C Umluft vorheizen.
- Den Teig auf ein mit Backpapier ausgelegtes Backblech geben.

- Mit den Händen vorsichtig von der Mitte zu den Rändern eine Pizza formen.
- Belegen nach Wunsch (etwa mit Tomatenmark bestreichen, veganer Pizzakäse oder Hefeschmelz, Paprika, Tomaten, Champignons usw.)
- Im Ofen 25 Minuten backen.

Pizza Calzone (Italien)

mit Champignon– Spinat Füllung

Zutaten (2 Calzone)

Teig:

- 400g Mehl
- ½ Würfel Hefe
- 40 ml (Raps)Öl
- 200 ml lauwarmes Wasser
- 1 EL Zucker
- 1 Prise Salz

Füllung:

- 200 g Champignons
- 200 g Babyspinat, frisch oder TK (abgetropft)
- 2 Zwiebeln
- 2 Knoblauchzehen
- 2 EL veganer Weißwein
- 1 EL Basilikum
- Salz und Pfeffer zum Abschmecken.

Zubereitung

- Backofen auf 180 Grad C Umluft vorheizen.
- Die Hefe im Wasser auflösen.
- Mehl, Zucker und Salz mischen.
- Das Hefewasser zum Mehl geben und alles nur so lange verkneten, bis alles Mehl gebunden ist.
- Anschließend den Teig mit der Hand oder der Maschine 10 Minute kneten.
- Den Teig auf zwei mit Backpapier ausgelegtem Backblechen, zu 2 Fladen mit je 26 cm ausrollen.
- Für die Füllung Zwiebel in Ringe schneiden, Spinat hacken, Knoblauchzehe pressen und geputzte Champignons in Scheiben schneiden.
- Öl in einem Topf erhitzen.
- Zwiebel, Knoblauch und Champignons, bei mittlerer Hitze anbraten, bis die Zwiebel glasig sind.
- Weißwein zugeben und weitere 2 Minuten braten.
- Spinat und Basilikum zugeben und nach weiteren 2 Minuten mit Salz und Pfeffer abschmecken.
- Die Füllung auf die 2 Fladen, jeweils nur bis zur Hälfte, verteilen.
- Die andere Seite des Fladens über die Füllung schlagen und die Ränder mit einer Gabel andrücken und versiegeln.
- Die Calzone im Backofen 20 min backen.

Asiatische Frühlingsrolle

Zutaten (4 Personen)

- 100 g Mungobohnensprossen
- 1 Paprika
- 2 Karotten
- 100 g Weißkohl
- 2 Knoblauchzehen
- 1 kleine Zwiebel
- 2 EL Sojasoße
- 1 EL Koriander
- 1 TL Ingwer
- 2 EL (Erdnuss)Öl zum Anbraten
- 20 Blatt Frühlingsrollenteig (oder Filoteig)
- (Erdnuss)Öl zum Bepinseln

Zubereitung

- Backofen auf 180 Grad C Umluft vorheizen.
- Salat, Gemüse kleinschneiden und Knoblauchzehen pressen.
- Öl im Wok, oder einer großen Pfanne, erhitzen und Knoblauch, Zwiebel, Karotten und Weißkohl 2

Minuten, auf mittlerer Stufe anbraten.

- Paprika, Mungobohnensprossen zugeben und weitere 3 Minuten mitbraten.
- Mit Sojasoße, Ingwer und Koriander würzen.
- Die Füllung in die Teigblätter, gemäß Packungshinweis, einrollen.
- Die Rollen danach mit Öl bepinseln und auf 2 mit Backpapier ausgelegte Backbleche legen.
- Im Ofen 12 Minuten backen und nach der Hälfte der Zeit evtl. Einmal drehen.

King Pao Tofu Bowl (China)

Zutaten (4 Personen)

- 400 g Naturtofu
- 5 Frühlingszwiebeln
- 2 Paprika
- 2 Knoblauchzehen
- 100 g ungesalzene Erdnüsse
- 5 EL Sojasauce
- 2 EL Speisestärke
- 3 Prisen Chilipulver
- 3 Prisen Ingwer
- 2 TL Zitronensaft
- 1 EL Reisessig
- 1 TL Zucker
- 6 EL (Erdnuss)Öl zum Anbraten

Beilage: Reis

Zubereitung

- Tofu mit Küchenpapier abtrocknen und in Würfel schneiden.
- Mit 4 EL Sojasauce vorsichtig verrühren und 5 Minuten ziehen lassen.
- Danach Speisestärke zugeben und nochmal vorsichtig verrühren, so das die Tofuwürfel bedeckt sind.
- Knoblauchzehen pressen, Paprika und Frühlingszwiebel in Streifen schneiden.
- Große Pfanne oder Wok, mit 2 EL Öl erhitzen und die Tofuwürfel, von allen Seiten, bei mittlerer Hitze, etwa 10 Minuten goldbraun braten.
- Tofu auf einen Teller beiseite stellen.
- In einer kleinen Schüssel restliche Sojasauce, 2 EL Öl, Reisessig und Zucker miteinander verrühren.
- Das restliche Öl in die Pfanne geben. Erhitzen und die Frühlingszwiebel mit Paprika, bei mittlerer Hitze 5 Minuten andünsten.
- Erdnüsse, Chilipulver, Zitronensaft und Ingwer in die Pfanne geben und weitere 5 Minuten, unter häufigem Rühren anbraten.
- Die angerührte Sauce zugeben und 2 Minuten weiterkochen lassen.
- Mit Reis servieren.

Ungarisches Letscho

Zutaten (4 Personen)

- 1 rote Paprika
- 1 gelbe Paprika
- 1 grüne Paprika
- 1 Zwiebel
- 4 Knoblauchzehen
- 1 Dose geschälte Tomaten (400g)
- 250 g passierte Tomaten
- 1 TL Oregano
- 1 TL Basilikum
- 1 TL Zitronensaft
- 3 Prisen Pfeffer
- 3 Prisen Salz
- 3 EL (Raps)Öl zum Anbraten

Beilage: Cous Cous

Zubereitung

- Gemüse klein schneiden und Knoblauchezehen pressen.

- Öl in einem Topf erhitzen.
- Zwiebel glasig anbraten
- Paprika mit Knoblauchzehen zugeben und kurz mit den Zwiebeln mitrösten.
- Passierte Tomaten und geschälte Tomaten zugeben.
- Gewürze zugeben und mit aufgesetztem Deckel aufkochen lassen.
- Auf mittlerer Stufe solange Köcheln lassen bis die Paprika weich sind.
- Sollte das Letscho zu flüssig sein, ohne Deckel eindicken lassen.
- Abschmecken und mit Zitronensaft abrunden.

Afrikanisches Kidneybohnen - Stew

Zutaten (4 Personen)

- 1 Dose Kidneybohnen
- 2 Zwiebeln
- 5 Tomaten
- 3 Knoblauchzehen
- 1 EL Erdnussbutter
- 2 TL Sambal Oelek
- 1 TL Kreuzkümmel
- Prise Salz
- (Raps)Öl zum Anbraten
- Petersilie zum Bestreuen

Beilage: Reis

Zubereitung

- Kidneybohnen abtropfen lassen und gründlich waschen.
- Zwiebel fein würfeln und Knoblauchzehen pressen.
- Tomaten in Würfel schneiden.
- Öl in einem Topf erhitzen und darin Zwiebeln glasig

dünsten.

- Tomaten zugeben und 5 Minuten bei mittlerer Hitze einköcheln lassen.
- Knoblauch, Salz, Sambal Oelek, Kidneybohnen und Kreuzkümmel zugeben.
- Erdnussbutter zugeben und kurz aufkochen.
- Bei mittlerer Hitze 3 Minuten einköcheln lassen.
- Mit Reis servieren und mit etwas Petersilie bestreuen.

Afrikanischer Süßkartoffelauflauf

Zutaten (4 Personen)

- 800g Süßkartoffeln
- 400 g gehackte Tomaten
- 250 g passierte Tomaten
- 2 Zwiebeln
- 1 Knoblauchzehe
- 2 EL gehackte Erdnüsse
- 1 EL Erdnussbutter
- 1 TL Chilipulver
- 3 Prisen Salz
- 2 EL (Erdnuss)Öl zum Anbraten

Beilage: Reis

Zubereitung

- Backofen auf 180 Grad C Umluft vorheizen.
- Zwiebeln in Scheiben schneiden, Süßkartoffeln würfeln, Knoblauchzehe pressen.
- Zusammen in einem mit Öl erhitzen Topf 10 Minuten, bei mittlerer Hitze andünsten.

- Tomaten mit Gewürzen zugeben und weitere 5 Minuten köcheln lassen.
- Erdnussbutter zugeben und in eine Auflaufform geben.
- Erdnüsse darüber verteilen und in einer Auflaufform für 30 Minuten im Backofen backen.

Nasi Goreng (Indonesien)

Zutaten (4 Personen)

- 300 g Reis
- 200 g Erbsen (TK oder frisch)
- Wasser zum Reis- und Erbsenkochen
- 50 g Cashewkerne
- 2 rote Paprika
- 1 gelbe Paprika
- 1 Zwiebel
- 1 Knoblauchzehe
- 2 EL Sojasoße
- 1 TL Curry
- 5 EL Olivenöl
- Chilipulver zum Abschmecken

Zubereitung

- Cashewkerne in einer Pfanne ohne Fett anrösten und beiseite stellen.
- Den Reis nach Anleitung zubereiten.
- Die Erbsen in kochendem Salzwasser 8 Minuten weich kochen und abschütten.

- Paprika in Würfel schneiden, Zwiebel in Streifen schneiden und die Knoblauchzehe pressen.
- 3 EL Olivenöl in einer Pfanne erhitzen und den Reis 7 Minuten anbraten.
- Currypulver darüberstäuben und gut vermischen.
- Restliches Olivenöl in einer zweiten Pfanne erhitzen und die Zwiebel 3 Minuten andünsten.
- Paprikawürfel mit dazu geben und weitere 5 Minuten dünsten.
- Knoblauch und Erbsen in die Pfanne geben, mit etwas Chilipulver abschmecken und noch etwas ziehen lassen.
- Curry-Reis und Gemüse vermengen und mit Sojasoße abschmecken.
- In einer schönen Schüssel servieren und mit den Cashewkerne bestreuen.

Weißer Bohneneintopf (Bulgarien)

Zutaten (4 Personen)

- 250 g weiße Bohnen (aus der Dose, abgetropft und gewaschen, oder trockene Bohnen, über Nacht eingeweicht)
- 500 ml Wasser
- 1 Tomate
- 1 Paprika
- 1 Karotte
- 1 Zwiebel
- 1 Knoblauchzehe
- 2 TL Minze
- 1 TL Bohnenkraut
- 1 TL Salz
- 1 TL Pfeffer
- 1 Prise Natron
- 2 EL Mehl
- 1 EL Paprikapulver
- 4 EL (Raps)Öl zum Anbraten

Beilage: Weißbrot

Zubereitung

- In einem Topf die Bohnen mit Wasser aufkochen.
- Natron zugeben und 1 Stunde die Bohnen weich köcheln lassen.
- Zwiebel klein hacken, Karote und Paprika würfeln, Tomate klein würfeln und Knoblauchzehe pressen.
- Wenn die Bohnen schön weich sind, aber noch bis haben die Zwiebel, Knoblauch, Karote und Paprika zu den zugeben und 10 Minuten mitkochen.
- Tomate und Salz zugeben und weitere 5 Minuten kochen lassen.
- Gewürze, ausser Paprikapulver, zugeben und die Suppe ziehen lassen.
- In einem zweiten Topf Öl mit Mehl erhitzen. Dabei mit einem Schneebesen ständig umrühren.
- Paprikapulver zugeben und solange weiterrühren bis keine Klümpchen mehr vorhanden sind.
- Mit einer Kelle der Suppe ablöschen und verrühren.
- Den Inhalt des zweiten Topfes zum ersten Topf zugeben.
- Den Suppentopf nochmal aufkochen lassen.
- Mit Weißbrot servieren.

Chili sin carne (Mexiko)

Zutaten (4 Personen)

- 120 g Sojagranulat
- 500 ml Gemüsebrühe
- 400 g gehackte Tomaten
- 1 Dose Kidneybohnen (Abtropfgewicht 240g)
- 1 Paprika
- 1 Dose Mais
- 1 Zwiebel
- 2 Knoblauchzehen
- 2 EL Tomatenmark
- 1 TL Chilipulver
- 3 Prisen Salz
- 3 Prisen Pfeffer
- 1 Stück vegane Zartbitterschokolade
- Optional 100g Sojasahne
- 2 EL (Raps)Öl zum Anbraten

Beilage: vegane Tortillachips

Zubereitung

- Sojagranulat in heißer Gemüsebrühe ziehen lassen.
- Sojagranulat abgießen und abtropfen lassen. Garflüssigkeit aufangen.
- Zwiebel in kleine Würfel schneiden, Paprika entkernen und würfeln, Knoblauchzehe pressen, Kidneybohnen und Mais abtropfen lassen.
- Öl in einem großen Topf erhitzen.
- Sojagranulat, Zwiebel und Paprika 5 Minuten, bei mittlerer Hitze anbraten.
- Tomaten, Tomatenmark, Knoblauch, Chilipulver, Salz und Pfeffer zugeben und 15 Minuten, bei mittlerer Hitze köcheln lassen.
- Kidneybohnen, Mais und Schokolade zugeben, weitere 5 Minuten köcheln lassen.
- Bei Bedarf Chili mit Garflüssigkeit auffüllen und abermals aufkochen.
- Optional Sojasahne unterrühren, aufkochen und 3 Minuten bei niedriger Stufe ziehen lassen.
- Mit Tortillachips servieren.
- Am besten schmeckt das Chili übrigens, wenn es einen Tag durchgezogen ist und nochmals erhitzt wird.

Tofu-Nudeln mit Teriyaki Sauce (Japan)

Zutaten (4 Personen)

- 300 g vegane Asianudeln + Wasser zum Kochen
- 400 g Naturtofu
- 2 EL Speisestärke
- 1 Zwiebel
- 2 Paprika
- 1 Dose Mais
- 400 g Chinakohl
- 1 TL Salz
- 3 EL (Erdnuss)Öl zum Anbraten

Sauce:

- 6 EL Sojasauce
- 6 EL Reiswein
- 4 EL Agavendicksaft
- 2 EL Speisestärke
- 1 TL Ingwer
- 2 Knoblauchzehen
- 400 ml Wasser

Zubereitung

- Tofu mit Küchenpapier so gut wie möglich trocken tupfen. In Würfel schneiden und in einen Gefrierbeutel geben.
- 2 EL Speisestärke dazu geben und gut durchschütteln und einziehen lassen.
- Asianudeln nach Anleitung kochen und abgießen.
- 1 EL Öl in einer Pfanne erhitzen und Tofuwürfel darin 5 Minuten, unter vorsichtigem Wenden, goldbraun anbraten.
- Tofuwürfel auf einem Teller beiseite stellen.
- Knoblauchzehen pressen und mit allen Zutaten der Sauce in einer Schüssel verrühren.
- Paprika würfeln, Mais abtropfen lassen. Chinakohl in mundgerechte Streifen schneiden.
- Restliches Öl in einem Wok oder einer großen Pfanne erhitzen.
- Paprika und Mais 5 Minuten, bei mittlerer Hitze anbraten.
- Chinakohl zugeben und weitere 3 Minuten, unter ständigem Rühren, anbraten.
- Teriyaki Sauce zugeben und unter ständigen Rühren köcheln lassen bis die Sauce angedickt ist.
- Nudeln und Tofu hinzugeben und alles 2 Minuten, bei mittlerer Hitze, erwärmen.

Gemüse - Sushi (Japan)

Zutaten (4 Personen)

- 250 g Sushireis
- 8 Noriblätter
- 1 Paprika
- 1 Avocado
- 2 EL Reiswein
- 1 EL Zucker
- Wasser zum Bestreichen

Sojasauce für die Sushi, Optional noch Wasabi

Zubereitung

- Den Reis gut auswaschen und in einem Topf mit Wasser bedeckt, zum Kochen bringen,
- 20 Minuten auf niedrigster Stufe köcheln lassen.
- Reis in eine Schüssel geben.
- Zucker und Reisessig unterrühren und abkühlen lassen.
- Ein Noriblatt, mit der glänzenden Seite nach unten, auf eine Bambusrollmatte und darauf eine dünne Schicht Reis verteilen.

- Dabei am oberen Ende 3 cm frei lassen und vor dem Einrollen das Noriblatt dort mit Wasser bestreichen.
- Noriblatt einrollen. Dies bedarf etwas Übung. Für die ersten Versuche empfehle ich hier YouTube Videos dazu anzusehen.
- Bis kurz vorm Servieren in den Kühlschrank stellen.
- Noriblatt mit einem scharfen Messer, in 3 cm lange Stücke schneiden.
- Mit Sojasauce (und Optional mit Wasabi) servieren.

Kaiserschmarrn (Österreich)

Zutaten (2 Portionen)

- 180 g Mehl
- 350 ml Sojadrink
- 1 Päckchen Backpulver
- 1 Päckchen Vanillezucker
- 2 EL Agavendicksaft
- 1 Prise Salz
- 3 EL (Raps)Öl für den Teig
- 3 EL (Raps)Öl zum Braten
- Puderzucker

Zubereitung

- Alle Zutaten in einer Schüssel verrühren, bis ein glatter Teig entsteht
- Öl in einer Pfanne erhitzen.
- Teig in die Pfanne geben und auf mittlerer Stufe braten.
- Hin und wieder vom Rand lösen und den ganzen Teig wenden, wenn die Unterseite angebraten ist und der Teig oben nicht mehr flüssig ist.
- Kurz weiterbraten und den Teig anschließend in

kleine Stücke zerteilen.

- Evtl. noch etwas Öl hinzugeben und die Stücke knusprig braten.
- Mit Puderzucker bestäuben und servieren.

Karotten – Risotto (Italien)

Zutaten (4 Portionen)

- 500 g Risotoreis
- 5 Karotten
- 1 Zwiebel
- 1 Knoblauchzehe
- 1000 ml Gemüsebrühe
- 250 ml Weißwein
- 1 EL Petersilie
- 1 TL Zitronensaft
- 3 Prisen Pfeffer
- 3 Prise Salz
- 3 EL (Oliven)Öl zum Braten

zum Servieren: Hefeflocken

Zubereitung

- Gemüsebrühe in einem Topf zubereiten und warmhalten.
- Zwiebel klein würfeln, Knoblauchzehe pressen und die Karotten zu feinen Stiften schneiden.

- 2 EL Öl in einem Topf erhitzen und Zwiebel und Knoblauch glasig anbraten.
- Den Reis zugeben und kurz andünsten.
- Mit Wein ablöschen.
- Die Karotten hinzufügen und 5 Minuten auf mittlerer Hitze köcheln lassen.
- Die Gemüsebrühe hinzufügen und solange köcheln lassen bis das Risotto weich ist, aber noch Biss hat.
- Restliches Öl mit Petersilie, Zitronensaft, Salz und Pfeffer unterrühren.
- In tiefen Tellern servieren und nach Belieben mit Hefeflocken bestreuen.

Indischer Gewürzreis

Zutaten (4 Portionen)

- 350 g Basmatireis
- 1 TL Chili
- 1 TL Ingwer
- 1 TL Zimt
- 1TL Kardamom
- 1 TL Koriander
- 1 EL Petersilie
- ½ TL Kreuzkümmel
- 800 ml Wasser
- 3 Prisen Salz
- 4 EL (Raps)Öl zum Braten

Zubereitung

- 2 El Öl in einem Topf erhitzen und den gewaschenen Reis zugeben.
- Unter ständigem Rühren Reis glasig anbraten.
- Alle Zutaten, ausser dem restlichen Öl und der Petersilie, zugeben.
- Aufkochen und dann bei kleinster Stufe 20 Minuten,

zugedeckt köcheln lassen.

- Deckel vom Topf nehmen und Ofen ausdrehen.
- Nach 2 Minuten Öl und Petersilie unterheben.
- In warmen Tellern servieren.

Griechisches Tofu – Gyros

Zutaten (4 Personen)

- 400 g Naturtofu
- 2 EL Gyrosgewürz
- 6 EL (Raps)Öl
- 1 Zwiebel
- 1 Knoblauchzehe
- 1 EL Sojasauce

Beilagen: Reis, veganes Tzatziki

Zubereitung

- Tofu in 5 mm dicke Streifen schneiden.
- Vorsichtig mit 4 EL Öl und Gyrosgewürz marinieren.
- Mindestens 1 Sunde im Kühlschrank ziehen lassen.
- Knoblauchzehe feinpressen, Zwiebel schälen und in dünne Streifen schneiden.
- Restliches Öl in einer Pfanne erhitzen, Tofu darin anbraten.
- Zwiebel und Knoblauch zufügen und auf großer Stufe braten, bis der Tofu anbräunt.
- Mit Sojasauce ablöschen und bei Bedarf, nach

Belieben nachwürzen.

- Mit Reis und veganem Tzaziki servieren.

Saucen, Dips, Dressing und Aufstriche

Guacamole (Mexiko)

Zutaten

- 2 Avocado
- Saft von einer Limette
- 2 Knoblauchzehen
- 3 Prisen Chilipulver
- 2 Prisen Salz
- 1 TL Pfeffer

Zubereitung

- Die Avocados halbieren, entkernen und schälen.
- Alle Zutaten mixen und fein pürieren.

Neuseeländisches Himbeerdressing

Zutaten

- 500 g Sojajoghurt Natur
- 100 g Himbeeren
- 1 EL (Himbeer)Essig
- 2 TL Zucker

Zubereitung

- Alle Zutaten mit einem Pürierstab oder in einem Mixer pürieren.
- Kühl aufbewahren.
- Dieses Dressing passt sehr gut zu einem gemischten Salat.

Muhammara (Syrien)

Zutaten

- 200 g Walnüsse
- 5 Scheiben Zwieback
- 3 rote Paprika
- 2 Knoblauchzehen
- 6 EL Olivenöl
- 2 EL Harissa (Oder Sambal Olek)
- 1 Prisen Salz

Zubereitung

- Paprika vierteln und mit allen Zutaten in eine Schüssel geben.
- Mit einem Pürierstab oder in einem Mixer zu einer cremigen Paste pürieren.
- In eine kleine Schüssel geben.
- Die Paprikapaste hält mindestens 2 Tage im Kühlschrank, man sie auch einfrieren.

Blaubeersoße (Dänemark)

Zutaten (4 Portionen)

- 200 g Heidelbeeren (auch Blaubeeren genannt)
- 260 ml Wasser
- 70 g Zucker
- 1 Päckchen Vanillezucker
- 1 EL Speisestärke
- 1 Prise Salz

Zubereitung

- Heidelbeeren, 200 ml Wasser, Zucker, Salz und Vanillezucker in einem Topf zum Kochen bringen.

Indische Satesauce

Zutaten (4 Portionen)

- 300 ml Kokosmilch
- 100 g Erdnussbutter
- 2 Zwiebeln
- 1 Knoblauchzehe
- ½ TL Ingwer
- ½ TL Chili
- ½ TL Zitronengras
- 3 EL Zitronensaft
- 1 TL Zucker
- 1 EL Sojasauce
- ½ TL Salz
- 1 EL (Raps)Öl
- ½ TL Koriander

Beilage: Reis (Optional Gemüse)

Zubereitung

- Zwiebel sehr klein hacken. Knoblauchzehe pressen.
- Öl in einem Topf erhitzen.

- Zwiebel, Knoblauch, Gewürze und 3 EL Kokosmilch hinzufügen und 5 Minuten, bei mittlerere Hitze anbraten.
- Restliche Kokosmilch hinzugeben und aufkochen lassen.
- Erdnussbutter hinzugeben und bei mittlerer Hitze, unter rühren, solange köcheln lassen bis eine cremige Sauce entstanden ist.
- Auf vorgewärmten Tellern über Reis oder/und Gemüse geben.

Asiatische Ananas Currysauce

Zutaten

- 1 Dose Ananas, komplett mit Saft (560g)
- 1 Zwiebel
- 2 TL Gemüsebrühe
- 1 TL Curry
- 2 Prisen Chilli
- 1 EL Sojasauce
- ½ TL Paprikapulver
- 1 EL Stärke
- 2 EL Kokosmilch
- 2 EL (Kokos)Öl

  Beilage: Reis

Zubereitung

- Zwiebel klein hacken.
- Öl in einer Pfane erhitzen und Zwiebel glasig anbraten.
- Restliche Zutaten, ausser Kokosmilch zugeben und 15 Minuten auf mittlerer Hitze köcheln lassen.
- Kokosmilch unterrühren und mit Reis servieren.

Erdnussbutter (USA)

Zutaten

- 400 g geröstete Erdnüsse (ungesalzen)
- 30 ml Pflanzendrink (Empfehlung: Mandeldrink)
- ½ TL Salz

Zubereitung

- Alle Zutaten im Mixer zu einer cremigen Masse pürieren.
- Die Erdnussbutter hält im Kühlschrank bis zu 14 Tage

Syrischer Hummus

Zutaten

- 300 g trockene Kichererbsen
- 300 g Sesampaste (Tahini)
- 100 ml Öl
- Saft von 4 Zitronen
- 4 Knoblauchzehen
- 2 Prisen Salz
- 1 TL Pfeffer
- 1 TL Paprikapulver
- 1 TL Kreuzkümmel

Zubereitung

- Kichererbsen über Nacht einweichen.
- Am nächsten Tag abtropfen lassen und weich kochen.
- Das Wasser nicht abgießen.
- Kichererbsen mit einem Stabmixer pürieren.
- Sesampaste hinzufügen und nochmals miteinander pürieren.
- Knoblauch sowie die Gewürze und den Zitronensaft

noch hinzugeben.

- Hummus auf einen tieferen Teller geben.
- Das Öl erhitzen und über den Humus verteilen.

Variante: Es können auch Kichererbsen aus der Dose verwendet werden. Dann entfällt der erste Punkt.

Südamerikanischer Kokosaufstrich

Zutaten

- 250 ml Sojadrink
- 100 g Kokosraspeln
- 50 ml Sojasahne
- 100 g (Kokosblüten)Zucker
- 2 Päckchen Vanillezucker

Zubereitung

- Alles, ausser Kokosraspeln, miteinander verrühren.
- Die Masse in einen Topf erwärmen und für eine Stunde, bei niedriger Hitze eindicken lassen.
- Die Kokosraspeln unterheben und abkühlen lassen.
- Im Kühlschrank hält sich der Aufstrich bis zu einer Woche.

Alioli (Spanien)

Zutaten

- 6 Knoblauchzehen
- 50 ml Olivenöl
- 50 ml Sonnenblumenöl
- 1 TL Salz
- 1 TL Zitronensaft

Zubereitung

- Knoblauchzehen mit Salz pürieren.
- Olivenöl und Sonnenblumenöl unter ständigem rühren langsam hinzugeben.
- Zitronensaft unterrühren und bis zum Verzehr kalt stellen.

Griechischer Feta

Zutaten

- 400 g Tofu Natur
- 100 ml Olivenöl
- 1 TL Thymian
- 1 TL Basilikum
- 3 TL Salz
- 1 TL Zitronensaft
- 2 Prisen Pfeffer
- 2 Prisen Salz
- Wasser

Zubereitung

- Tofu abtrocknen und in kleine Würfel schneiden.
- Wasser in einem Topf aufkochen.
- Tofuwürfel zugeben und 10 Minuten, auf mittlerer Hitze köcheln lassen.
- Tofu in ein Sieb abgießen und in ein verschließbares Glas geben.
- Tofu mit Kräuter und Gewürzen bestreuen und mit Zitronensaft übergießen.

- Das Glas mit Olivenöl auffüllen.
- 3 Tage verschlossen im Kühlschrank ziehen lassen.
- Der vegane Feta ist danach 5 Tage haltbar.

Griechisches Tzatziki

Zutaten

- 500 g Sojajoghurt Natur
- 1 Gurke
- 2 Knoblauchzehen
- 2 EL Dill
- 1 EL (Oliven)Öl
- 1 TL Zitronensaft
- 1 TL Salz
- 1 TL Pfeffer
- Optional 2 TL gemahlene Flohsamenschalen

Zubereitung

- Knoblauchzehen pressen.
- Gurke halbieren, entkernen und grob reiben.
- Alle Zutaten in einer Schüssel verrühren und 3 Stunden ziehen lassen.
- Wer das Tzatziki fester mag, kann zudem 2 TL gemahlene Flohsamenschalen beim Verrühren zugeben.
- Tipp: Die Gurke kann man auch mit 4 Gewürzgurken ersetzen.

Italienische Spaghettisauce "Aglio Olio"

Zutaten

- 200 g junger Blattspinat (wenn TK, dann abgetropft)
- 3 Knoblauchzehen
- 6 EL Olivenöl
- 1 TL Chiliflocken
- ½ TL Salz

Beilage: Italienische Hartweizennudeln (Vorschlag: Linguine)

Zubereitung

- Knoblauchzehen pressen.
- Öl in einer großen Pfanne erhitzen und Knoblauch bei mittlerer Hitze andünsten.
- Spinat, Chiliflocken und Salz zugeben und solange dünsten bis der Spinat zusammengefallen ist.
- Gekochte Nudeln unterühren und auf vorgewärmten Tellern servieren.

Indischer Linsenaufstrich

Zutaten

- 500 g rote Linsen
- 1000 ml Wasser
- 100 ml (Raps)Öl
- 1 Zwiebel
- 3 Knoblauchzehen
- 2 TL Kurkuma
- 1 TL Zitronengras
- 1 TL Koriander
- 1 TL Pfeffer
- 1 TL Kreuzkümmel
- 1 TL Chilipulver
- 1 TL Currypulver
- ½ Ingwer
- ½ TL Salz

Zubereitung

- Zwiebel klein hacken und Knoblauchzehen pressen.
- In einer Pfanne Öl erhitzen.

- Zwiebel und Knoblauch darin glasig anbraten.
- Gewürze und Linsen zugeben und bei mittlerer Hitze solange miträsten bis die Linsen gut mit Öl überzogen sind.
- Wasser zugeben, aufkochen und bei niedriger Hitze köcheln bis die Linsen beginnen zu zerfallen.
- Mit einem Pürierstab aufmixen und abkühlen lassen.
- Dieser Brotaufstrich hält 4 Tage im Kühlschrank und kann auch eingefroren werden.

Italienisches Pesto

Zutaten

- 50 g Pinienkerne
- 50 g Walnusskerne
- 40 g Basilikum
- ½ TL Salz
- 4 EL Olivenöl.
- 2 EL Hefeflocken
- Optional: 1 Knoblauchzehe

Beilage: Italienische Hartweizennudeln

Zubereitung

- Pinienkerne und Wallnusskerne in eine erhitzte Pfanne geben und 2 Minuten unter häufigem wenden andünsten.
- Die Kerne mit allen Zutaten in eine Schüssel geben und mit dem Pürierstab zu einer feinen Masse verarbeiten.
- Das Pesto auf gut abgetropfte, noch heiße Nudeln geben.

Brot und Brötchen

Ciabatta (Italien)

Zutaten (2 Ciabatta)

- 500 g Mehl, Typ 405
- 350 ml Wasser, lauwarm
- ½ TL Trockenhefe
- 2 TL Salz
- 1 TL Zucker
- 2 EL Olivenöl

Zubereitung

- Alle Zutaten zu einem glatten Teig verarbeiten.
- Teig zugedeckt, über Nacht gehen lassen.
- Auf einem mit Backpapier ausgelegten Backblech 2 Ciabatta Brote formen. Leicht mit Mehl bestäuben und 30 Minuten gehen lassen.
- Backofen auf 180 Grad C Umluft vorheizen.
- Im Ofen für 30 Minuten backen.
- Das Ciabatta sollte innerhalb von 2 Tagen gegessen werden.
- Man kann es natürlich auch einfrieren.

Weißbrot (Deutschland)

Zutaten

- 500 g Mehl, (Typ 405 oder 550)
- 300 ml Wasser, lauwarm
- 1 Würfel Hefe
- 10 weiche vegane Butter
- 1 TL Salz

Zubereitung

- Mehl, Salz und Zucker in eine Schüssel geben und eine Mulde eindrücken.
- In der Mulde etwas lauwarmes Wasser geben und die Hefe darin auflösen.
- Die Butter und das restliche Wasser hinzufügen und einen Teig kneten.
- Backofen auf 50 Grad C vorheizen.
- Den Teig in eine Kastenform geben und 30 Minuten im Ofen wärmen lassen.
- Teig nochmal durchkneten und 45 Minuten gehen lassen.
- Backofen auf 180 Grad C erhitzen.
- Im Ofen für 45 Minuten backen.

Baguette (Frankreich)

Zutaten (2 Baguettes)

- 200 g Mehl, Typ 405
- 200 g Dinkelmehl, Typ 630
- 300 ml Wasser, kalt
- 1/4 TL Trockenhefe
- 3 Prisen Salz
- 1 Prise Zucker
- 1 TL (Raps)Öl

Zubereitung

- Mehl, Trockenhefe, Salz, Zucker und Öl vermischen.
- Kaltes Wasser untermischen und einen Teig kneten.
- Den Teig mindestens 12 Stunden abgedeckt stehen lassen.
- Backofen auf 180 Grad C Umluft vorheizen.
- Den Teig zu zwei Baguettes formen und auf ein mit Backpapier ausgelegtes Backblech legen.
- Eine backofenfeste Schale mit Wasser unter das Backblech stellen.
- 20 Minuten backen. Wenn die Baguettes schön braun sind aus dem Ofen nehmen.

Indisches Naan Brot

Zutaten

- 450 g Mehl
- 250 ml lauwarmes Wasser
- 3 EL Pflanzendrink
- 1/2 Päckchen Trockenhefe
- 2 TL Knoblauchpulver
- 1 TL Currypulver
- 1 EL Zucker
- 1 TL Salz
- 1 EL (Raps)Öl

Zubereitung

- Hefe im warmen Wasser auflösen und 10 Minuten stehen lassen.
- Restliche Zutaten hinzufügen und zu einem weichen Teig verkneten.
- Den Teig 1 Stunde abgedeckt gehen lassen.
- Den Teig danach in Golfballgroße Stücke teilen und weitere 30 Minuten, zugedeckt ruhen lassen.
- Die Teigbälle dünn ausrollen und in einer Pfanne auf höchster Stufe 2 Minuten ausbacken, bis sich Bläschen bilden und das Naanbrot leicht braun wird.

Türkisches Fladenbrot

Zutaten

- 500 g Weizenmehl
- 200 ml lauwarmes Wasser
- 1 Würfel Hefe
- 5 TL (Oliven)Öl
- 1 TL Schwarzkümmel (oder Sesam)
- 1 TL Salz
- 1 Prise Zucker

Zubereitung

- Das Mehl in eine Schüssel geben und eine Mulde hinein drücken.
- Die Hefe hineinbröckeln, Zucker zugeben und mit 150 ml lauwarmen Wasser verrühren.
- Den Vorteig mit etwas Mehl bestäuben, mit einem Tuch abdecken und an einen warmen Ort 30 Minuten gehen lassen.
- Dann das restliche Wasser, Salz und 3 EL Öl zugeben und einen geschmeidigen Teig kneten. Mit Mehl bestäuben und Teig nochmal, zugedeckt an einem warmen Ort 30 Minuten ruhen lassen.
- Backofen auf 180 Grad C Umluft vorheizen.

- Den Teig nochmal gut kneten, in 2 Portionen teilen und längliche Fladen formen.
- Mit den Fingern Längs- und Querrillen in den Teig eindrücken und die Teigränder etwas hochziehen.
- Die Fladen mit dem restlichen Öl bepinseln und mit Schwarkümmel bestreuen.
- 15 Minuten ruhen lassen.
- Die Fladen auf ein mit Backpapier ausgelegtes Backblech legen und 25 Minuten backen lassen.

Mexikanische Tortillas

Zutaten (6 Tortillas)

- 250 g Weizenmehl (Typ 405)
- 250 ml kochendes Wasser
- ½ TL Salz
- 50 g Mehl zum Ausrollen

Zubereitung

- Mehl und Salz in eine Schüssel geben und in der Mitte eine Mulde bilden.
- Das kochende Wasser unter ständigem Rühren zugießen.
- Den heißen Teig kneten.
- Die Arbeitsfläche etwas bemehlen und den Teig gleich in sechs Portionen aufteilen und zu Tortillafladen ausrollen.
- In einer beschichteten Pfanne ohne Öl von jeder Seite eine Minute braten.

Schweizer Bürli

Zutaten

- 400 g Weizenmehl
- 100 g Roggenmehl
- 340 ml lauwarmes Wasser
- ½ Würfel Hefe
- 2 TL Salz

Zubereitung

- Hefe im Wasser auflösen und mit den restlichen Zutaten vermischen.
- Den Teig abgedeckt, über Nacht für mindestens 12 Stunden gehen lassen.
- Backofen auf 180 Grad C Umluft vorheizen.
- Teig aus dem Kühlschrank nehmen, leicht bemehlen und mit einem Esslöffel 12 Bürlis abstechen.
- Die Bürlis auf ein mit Backpapier ausgelegtes Backblech legen und 25 Minuten backen lassen.
- Stäbchenprobe machen. Falls der Teig noch hängenbleibt etwas Zeit zugeben.
- Die Brötchen auf einem Kuchengitter abkühlen lassen.

Marokkanisches Fladenbrot

Zutaten (16 Fladen)

- 300 g Mehl
- 50 g Maismehl
- 250 ml lauwarmes Wasser
- ½ Würfel Hefe
- 1 TL Paprikapulver
- 1 TL Salz
- 1 TL Zucker
- 2 EL Sesamöl

Zubereitung

- Vom Mehl 60 g nehmen und mit Wasser, Hefe, Salz und Zucker in einer Schüssel vermischen.
- Zugedeckt, an einem warmen Ort stellen, bis sich kleine Bläschen bilden.
- Das restliche Mehl, Paprikapulver und Maismehl in eine Schüssel geben.
- Öl und Hefemischung zugeben und zu einem glatten Teig verkneten.
- Zugedeckt, an einem warmen Ort 30 Minuten ruhen lassen.

- Backofen auf 180 Grad C Umluft vorheizen.
- Etwa 16 Kugeln mit etwa 10 cm Durchmesser formen.
- Die Kugeln zu flachen Fladen drücken und auf ein mit Backpapier ausgelegtes Backblech legen und 10 Minuten gehen lassen.
- Im Ofen für 12 Minuten backen.

Ungarisches Brot - Lángos

Zutaten (4 - 5 Fladen)

- 500 g Mehl
- 1 Päckchen Trockenhefe
- 350 ml lauwarmes Wasser
- 1½ Liter (Sonnenblumen)Öl zum Ausbacken
- 1 TL Salz

Zubereitung

- Das Mehl mit der Trockenhefe und Salz vermischen.
- Wasser zugeben und das Ganze zu einem glatten Teig vermengen.
- Mit einem Küchentuch bedeckt an einem warmen Ort 30 Minuten gehen lassen.
- Mit geölten Händen faustgroße Teigstücke tellergroß auseinander ziehen.
- Öl in einem Topf erhitzen und die Lángos vorsichtig in das heiße Öl geben.
- Nach einer Minute wenden und auch die zweite Seite goldbraun braten.
- Danach abtropfen lassen.
- Die Teigstücke nach und nach verarbeiten.

Backen

Rumänischer Nusshefezopf

Zutaten (1 Zopf)

Für den Teig:

- 400 g Mehl
- 220 ml lauwarmes Wasser
- ½ Würfel Hefe
- 70 ml Rapsöl
- 90 g Zucker
- 1 Päckchen Vanillezucker
- Geriebene Schale einer Bio- Zitrone
- Geriebene Schale einer Bio- Orangea
- 1 Prise Salz

Für die Füllung:

- 150 g gehackte Walnüsse (oder Haselnüsse bzw. Mandeln)
- 3 EL Zucker
- 2 EL Kakao
- 1 EL vegane Butter
- etwas Rapsöl
- Rumaroma
- Zimt (nach Belieben)

Zubereitung

- Mehl in eine große Schüssel sieben und in der Mitte eine Mulde formen.
- Hefe mit 1 TL Zucker und 50 ml lauwarmen Wasser verrühren.
- Hefemischung in die Mulde geben, mit einem Tuch abdecken und 30 Minuten ruhen lassen.
- Die restlichen Zutaten für den Teig dazugeben und gut mischen.
- Den Teig 15 Minuten gut kneten (bis der Teig nicht mehr klebt)
- Möglichst wenig zusätzliches Mehl (maximal 50 Gramm) verwenden, auch wenn der Teig anfangs sehr klebrig ist.
- Teig abdecken und an einem warmen Ort 2 Stunden gehen lassen.
- Für die Füllung alle Zutaten mischen. Die Füllung darf trocken sein. Nach Belieben mit Zimt abschmecken.
- Eine Kastenform einölen und mit Backpapier auskleiden, so dass etwas Papier übersteht, damit der Kuchen nach oben aufgeht.
- Den Teig auf eine leicht geölte Arbeitsfläche geben und zwei gleich große Stücke formen.
- Die Teigstücke mit den Händen ausbreiten. Es sollen

etwa ein Zentimeter dicke Rechtecke (etwa 25x15 cm) entstehen.

- Die Füllung auf den zwei Blättern verteilen, einen Zentimeter Rand freilassen, der Länge nach rollen, sodass zwei Rollen entstehen.
- Die Rolle zu einem Topf flechten und in die Kastenformen geben, mit einem sauberen Tuch abdecken und 30 Minuten gehen lassen.
- Backofen auf 180 Grad C Umluft vorheizen.
- Zöpfe mit etwa Öl bepinseln und etwas Zucker bestreuen.
- Für 35 Minuten im Backofen backen. (Die ersten 20 Minuten den Ofen nicht öffnen!)

Schweizer Rüblikuchen

Zutaten

- 200 g Karotten
- 200 g Mehl
- 100 g gemahlene Mandeln
- 180 g Zucker
- 100 ml (Raps)Öl
- 1 Päckchen Vanillezucker
- 1 Päckchen Backpulver
- 1 TL Zitronensaft
- 1 TL Zimt
- 1 Prise Salz
- Pflanzendrink (Sojadrink) für den Teig
- vegane Butter zum Einfetten der Kuchenform (Kastenform)

Zum Verzieren: Puderzucker

Zubereitung

- Backofen auf 180 Grad C Umluft vorheizen.
- Karotten reiben.
- Alle Zutaten, bis auf den Pflanzendrink, in einer

Schüssel gut vermischen.

- Vorsichtig Pflanzendrink zugeben bis der Teig glatt wird.
- Eine Kuchenform mit veganer Butter einfetten und den Teig einfüllen.
- Im Ofen für 40 Minuten backen.
- Auf einem Kuchengitter abkühlen lassen und mit Puderzucker bestreuen.

Schwedische Haferplätzchen

Zutaten (ca. 30 Plätzchen)

- 120 g kernige Haferflocken
- 50 g gehackte Mandeln
- 100 g vegane Butter
- 120 g Zucker
- 100 g Mehl
- 1 Päckchen Vanillezucker
- ½ Teelöffel Backpulver

Zubereitung

- Backofen auf 180 Grad C Umluft vorheizen.
- Für den Teig die vegane Butter zerlassen.
- Haferflocken einrühren und etwas abkühlen lassen.
- Die restlichen Zutaten hinzufügen und zu einem weichen Teig verkneten.
- Mit zwei Teelöffeln kleinen Portionen auf ein mit Backpapier belegtes Blech geben und diese etwas flach drücken.
- Im Ofen 15 Minuten backen.

Spanische Mandel - Tartelettes

Zutaten (8 Stück)

- 400 ml Mandeldrink
- 200 g gemahlene Mandeln
- 100 g gehackte Mandel
- 90 g Mandelmus
- 200 g Mehl
- 130 g vegane Butter
- 150 g Zucker
- Geriebene Schale einer Orange
- 3 EL Leinsamen
- 2 TL Orangensaft
- 2 Prisen Zimt
- 1 Prise Salz
- Vegane Butter zum Einfetten

Zubereitung

- Backofen auf 180 Grad C Umluft vorheizen.
- Mandelmich mit Leisamen in einem Topf erwärmen und 10 Minuten quellen lassen.
- Mandelmus, Butter, und Orangenschale zugeben

und erwärmen.

- Restliche Zutaten nach und nach unterrühren.
- Tartelette -Förmchen mit Butter einfetten und den Teig darin verteilen.
- 25 Minuten backen. Mit einer Stäbchenprobe testen ob die Tartelettes durch sind.
- Fertige Tartelettes abkühlen lassen.

Nora Thaler

Desserts und Süssigkeiten

Crepes (Frankreich)

Zutaten (8 Crepes)

- 250 ml Sojadrink
- 250 g Mehl
- 1 Päckchen Vanillezucker
- 250 g Mineralwasser
- 1 EL Agavendicksaft
- 1 Prise Salz
- 2 EL (Raps)Öl zum Ausbacken

Zubereitung

- Alle Zutaten mit Schneebesen zu einem etwas flüssigen Teig verrühren.
- Den Teig mindestens eine Stunde abgedeckt stehen lassen.
- Eine Pfanne mit Öl bepinseln und erhitzen.
- Eine halbe Kelle Teig in die Pfanne eingießen.
- Die Pfanne schwenken und den Teig gleichmäßig verteilen.
- Die Crepes goldbraun ausbacken.
- Nach Belieben füllen oder belegen.

Schokoladeneis (Italien)

Zutaten

- 1 Dose (400 g) Kokosmilch 60 % Fett
- 120 ml Wasser
- 100 g Zucker
- 60 g Kakaopulver

Zubereitung

- Wasser, Zucker und Kakaopulver in einem Topf, unter ständigen rühren, mit einem Schneebesen, zum Kochen bringen.
- Nach dem Aufkochen, Topf vom Herd nehmen und 10 Minuten abkühlen lassen.
- Kokosmilch einrühren und in einem Zippobag füllen. Die Luft dabei rauspressen und verschließen.
- Für 5 Stunden in das Gefrierfach legen.
- 5 Minuten antauen lassen.
- Im Zippobag bereits das Eis so brechen, das es in den Mixer passt.
- Eis mixen.
- Eis das nicht sofort verzehrt wird, kann man in einer Gefrierdose einfrieren.

Belgische Waffeln

Zutaten (8 Waffeln)

- 500 ml Sojadrink
- 500 g Mehl
- 1 Päckchen Vanillezucker
- 1 Päckchen Backpulver
- 6 EL Zucker
- Abrieb einer Bio- Zitronenschale
- 1 Prise Salz
- 4 EL (Raps)Öl zum Ausbacken

Zubereitung

- Alle Zutaten mit Schneebesen zu einem etwas flüssigen Teig verrühren.
- Das Waffeleisen vorheizen.
- Wenn es bereit ist, mit Öl bepinseln und etwa 1 1/2 Schöpfkellen in das Waffeleisen geben.
- 3 Minuten backen und danach vorsichtig öffnen. Falls man da bemerkt, dass der Teig leicht am oberen Eisen klebt, vorsichtig mit einem Messer lösen.

- Waffeleisen wieder einölen und nächste Schöpfkelle eingießen.
- Fertige Waffeln nach Belieben belegen oder bestreuen.

Süßer Couscous (Nordafrika)

Zutaten (4 Portionen)

- 400 g Couscous, nach Packungsbeilage zubereitet
- 8 Datteln (entkernt)
- 1 Granatapfel
- 5 EL Rosinen
- Heißes Wasser zum Quellen der Rosinen
- 4 EL Mandelnblättchen
- 3 EL vegane Butter
- 3 EL Orangensaft
- 4 TL Zimt
- 2 EL Agavendicksaft
- 1 Prise Salz
- 4 EL Puderzucker zum Garnieren

Zubereitung

- Rosinen in eine Schüssel geben und mit heißem Wasser überbrühen und quellen lassen.
- Rote Fruchtkerne aus Granatapfel lösen, Datteln achteln.

- Mandelblättchen in einer Pfanne ohne Fett hellbraun rösten.
- In den fertigen Couscous die Butter unterrühren.
- Rosinen abgießen und abtropfen lassen.
- Alle Zutaten, ausser Puderzucker, mit dem Couscous vermischen.
- Auf kleine, vorgewärmte Schälchen portionieren und mit Puderzucker bestäubt servieren.

Amerikanische Zitronen - Donuts

Zutaten (12 Donuts)

- 200 g Mehl
- 250 ml Pflanzendrink (Empfehlung: Mandeldrink)
- 150 g Apfeldicksaft (auch Apfelsüße genannt)
- 120 g geriebene Mandeln
- 80 g Puderzucker
- 2 EL vegane Butter
- 5 EL Apfelmus
- 1 Päckchen Vanillezucker
- 1/2 TL Backpulver
- 1 Prise Natron
- 2 Bio -Zitronen
- 1 Prise Salz
- 100 ml (Raps)Öl zum Ausbacken

Zubereitung

- Backofen auf 180 Grad C Umluft vorheizen.
- 12 – 16 Donutformen (Anzahl je nach Größe der Formen) mit Butter einfetten und auf ein Backblech

stellen.

- Zitronenschale abreiben und Saft auspressen.
- In einer Schüssel Mehl, Mandeln, Natron, Salz und Backpulver verrühren.
- In einer zweiten Schüssel Apfelmus, Apfeldicksaft, Vanillezucker, Öl, Mandelmilch, die Hälfte des Zitronenabriebs und gut die Hälfte des Zitronensafts miteinander verrühren.
- Den Inhalt der zweiten Schüssel in die erste Schüssel langsam einrühren.
- Den Teig in die Donutformen verteilen und 25 Minuten backen.
- Puderzucker mit restlichen Zitronensaft und Zitronenabrieb vermischen und als Guß über die abgekühlten Donuts pinseln.

Amerikanische Pancakes

Zutaten

- 150 g Mehl
- 50 g Sojamehl
- 200 g Sojajoghurt
- 100 ml Sojadrink
- 1 Päckchen Backpulver
- 2 EL Agavendicksaft
- 1 Prise Salz
- 3 EL (Raps)Öl zum Braten

Zubereitung

- Alle trocken Zutaten in einer Schüssel verrühren.
- Die flüssigen Zutaten zugeben und unterrühren.
- Öl in einer Pfanne erhitzen und 3 EL Teig in eingießen.
- Die Pancakes bei mittlerer Hitze von beiden Seiten goldbraun ausbacken.

Gebackene Banane (China)

Zutaten (2 Portionen)

- 2 Bananen
- 2 EL Chiasamen
- 1 EL Agavendicksaft
- 1 EL Paniermehl
- 1 Prise Zimt
- 1 Prise Vanillezucker
- (Kokos)öl zum Ausbacken

Zubereitung

- Die geschälten Bananen längs halbieren.
- Die Bananen mit Agavendicksaft bestreichen.
- Restliche Zutaten, ausser Öl, miteinander vermengen.
- Die Bananen in der Mischung wälzen.
- Öl in einer Pfanne erhitzen und die Bananen darin ausbacken.
- Die gebackenen Bananen mit Chiasamen garniert servieren.

Popcorn mit Karamellsauce (Amerika)

Zutaten (2 Portionen)

- 50 g Popcornmais
- 40 g vegane Butter
- 40 g Zucker
- 1 EL Agavendicksaft
- 1 EL (Raps)Öl
- 70 g Cashewkerne (Optional)

Zubereitung

- Butter, Zucker und A.dicksaft in einem Topf erhitzen.
- Bei hoher Stufe, unter ständigem Rühren 2 Minuten kochen und danach beiseite stellen.
- (Optional) Cashewkerne in einer Pfanne, auf mittlerer Stufe 4 Minuten und Rühren goldbraun rösten. Danach auf einen Teller legen.
- Popcornmais nach Anleitung im Topf mit Öl aufpoppen lassen. Gelegentlich dabei am Topf rütteln und den Deckel festhalten.
- Popcorn und Cashewkerne mit der Karamellsauce übergießen und gut vermischen.
- Das Popcorn auf ein mit Backpapier ausgelegtes Backblech legen, verteilen und abkühlen lassen.
- Erst servieren wenn es gut trocken ist.

Weiße Süßspeise (Südamerika)

(Dulce de leche)

Zutaten

- 1 L Sojadrink
- 400 g Zucker
- 200 ml Sojasahne
- 1 Päckchen Vanillezucker

Zubereitung

- Alle Zutaten in einen Topf geben.
- Aufkochen und bei mittlerer Stufe 1 bis 1½ Stunden köcheln lassen.
- Die Dulce de leche ist fertig, wenn sie zähflüssig ist.

Mousse au Chocolat (Frankreich)

Zutaten (4 Personen)

- 200 g vegane Zartbitterschokolade
- Abtropfwasser "Aquafaba" aus 2 Dosen Kichererbsen
- 1 Päckchen Backpulver
- 4 TL Puderzucker
- 2 Prisen Salz

Zubereitung

- Schokolade im Wasserbad schmelzen lassen.
- In der Zwischenzeit die Flüssigkeit von 2 Kichererbsendosen auffangen und mit Backpulver aufschlagen.
- Wenn die Sahne fast fertig ist Puderzucker und Salz unterrühren.
- Schokolade abkühlen lassen bis sie lauwarm ist.
- Schokolade mit Schneebesen unterheben.
- Die Mousse auf Schälchen verteilen und für 30 Minuten in den Kühlschrank stellen.
- Übrigens: Auqafaba kann man auch prima einfrieren

Panna Cotta (Italien)

Zutaten (4 Personen)

- 600 ml Kokosmilch
- 4 EL Kokosraspeln
- 1 Päckchen Vanillepuddingpulver
- 2 TL Agar - Agar
- 4 EL Zucker

Zubereitung

- Alle Zutaten, unter Rühren in einem Topf aufkochen lassen.
- 2 Minuten, unter Rühren auf mittlerer Hitze köcheln lassen.
- Das Panna Cotta in Gläser aufteilen und mindestens 1 Stunde in den Kühlschrank stellen.

Creme Brulee (Frankreich)

Zutaten (4 Personen)

- 500 ml Haferdrink
- 300 ml Schlagcreme
- 1 Päckchen Vanillepuddingpulver
- 2 EL vegane Haselnusscreme
- 3 EL Zucker

zum Verziehren

- Gehobelte Mandeln (nach Belieben)
- 4 TL Zucker

Zubereitung

- Vanillepudingpulver mit etwas Haferdrink und 3 EL Zucker glatt rühren.
- Restlichen Haferdrink in einem Topf erhitzen und vom Herd nehmen.
- Das angerührte Puddingpulver unter ständigen Rühren hinzufügen.
- Den Pudding nochmals aufkochen und bei kleiner Hitze eindicken lassen.
- Die vegane Haselnusscreme unterrühren und den

Topf abgedeckt 1 Stunde kaltstellen.

- Backofen auf 180 Grad C Umluft vorheizen.
- Schlagcreme aufschlagen und kalten Pudding unterühren.
- Auf kleine, backofenfeste Formen, für die Crem Brulee verteilen.
- Den restlichen Zucker auf den Formen verteilen und zum Karamelisieren für 4 Minuten in den Backofen stellen.
- Mit gehobelten Mandeln dekorieren.

Heidelbeer - Cassis – Lassi (Indien)

Zutaten (6 Gläser)

- 400 g Heidelbeeren TK (Blaubeeren)
- 400 g Seidentofu
- 400 ml kaltes Wasser
- 60 ml Cassislikör (Optional: schwarzer Johannisbeersirup)
- 3 EL Zucker
- 3 EL Zitronensaft
- 1 Prise Salz

Zubereitung

- Alle Zutaten in einem Mixer oder einer großen Schüssel mit Pürierstab pürieren.
- Sofort servieren oder kalt stellen und vor dem Servieren nochmal pürieren.
- Die Lassi kann im Kühlschrank bis zu 2 Tage aufbewahrt werden.

Das Kochbuch hat ihnen gefallen?

Dann zeigen Sie es mir mit einem positiven Feedback anhand einer Rezension auf Amazon.

Dies würde mich als freier Autor sehr freuen und mir unglaublich weiterhelfen!

Mir liegt es sehr am Herzen, auf die Wünsche meiner Leserschaft einzugehen. So kann ich die Qualität meiner Kochbücher stets verbessern.

Falls Sie Rezeptvorschläge, - Änderungen, Kritik oder Anregungen zum Buch haben, können Sie sich gerne per E-Mail bei mir melden.

Meine E-Mail-Adresse finden Sie am Ende des Buches.

Ich danke für ihre Unterstützung!

Buchvorstellung

Als weiteres Buch kann ich Ihnen

Brot & Brotaufstriche empfehlen.

Auch in diesem Buch habe ich 100 vegane Rezepte zusammengestellt.

Dieses Buch ist von der Zusammenstellung her, so aufgebaut wie dieses.

Einfach Rezepte, ohne exotische Zutaten.

Haftungsausschluss

Die Umsetzung aller enthaltenen Informationen, Anleitungen und Strategien dieses Buches erfolgt auf eigenes Risiko. Für etwaige Schäden jeglicher Art kann der Autor aus keinem Rechtsgrund eine Haftung übernehmen. Für Schäden materieller oder ideeller Art, die durch die Nutzung oder Nichtnutzung der Informationen bzw. durch die Nutzung fehlerhafter und/oder unvollständiger Informationen verursacht wurden, sind Haftungsansprüche gegen den Autor grundsätzlich ausgeschlossen. Ausgeschlossen sind daher auch jegliche Rechts- und Schadensersatzansprüche. Dieses Werk wurde mit größter Sorgfalt nach bestem Wissen und Gewissen erarbeitet und niedergeschrieben. Für die Aktualität, Vollständigkeit und Qualität der Informationen übernimmt der Autor jedoch keinerlei Gewähr. Auch können Druckfehler und Falschinformationen nicht vollständig ausgeschlossen werden. Für fehlerhafte Angaben vom Autor kann keine juristische Verantwortung sowie Haftung in irgendeiner Form übernommen werden.

Impressum

E-Mail: nora.thaler@freenet.de

1. Auflage

ISBN:

9781790693832

Kontakt:

Markus Mägerle, Am Kreisgraben 17, 93104 Riekofen

Printed in Germany
by Amazon Distribution
GmbH, Leipzig

34063374R00108